“十三五”国家重点出版物出版规划项目

汉语韵律语法丛书

冯胜利 端木三 王洪君 主编

汉语的韵律词

裴雨来 著

北京语言大学出版社
BEIJING LANGUAGE AND CULTURE UNIVERSITY PRESS

图书在版编目（CIP）数据

汉语的韵律词 / 裴雨来著 .-- 北京：北京语言大学出版社，2016.9

（汉语韵律语法丛书 / 冯胜利，端木三，王洪君主编）

ISBN 978-7-5619-4411-0

Ⅰ. ①汉… Ⅱ. ①裴… Ⅲ. ①汉语－韵律（语言）－研究 Ⅳ. ① H11

中国版本图书馆 CIP 数据核字（2016）第 194976 号

汉语的韵律词

HANYU DE YUNLÜCI

排版制作：北京创艺涵文化发展有限公司
责任印制：姜正周

出版发行：北京语言大学出版社
社　　址：北京市海淀区学院路 15 号，100083
网　　址：www.blcup.com
电子信箱：service@blcup.com
电　　话：编 辑 部　8610-82303647/3592/3395
　　　　　国内发行　8610-82303650/3591/3648
　　　　　海外发行　8610-82303365/3080/3668
　　　　　北语书店　8610-82303653
　　　　　网购咨询　8610-82303908
印　　刷：北京京华虎彩印刷有限公司

版　　次：2016 年 9 月第 1 版
印　　次：2016 年 9 月第 1 次印刷
开　　本：880 毫米 ×1230 毫米 1/32　　印　　张：5.25
字　　数：116 千字
定　　价：42.00 元

PRINTED IN CHINA

总　序

我国学者对韵律的关注有着悠长的历史。《毛诗序》说："情发于声，声成文谓之音。" 这是古人区分随意的"声"与有序的"音"的最早论述。《荀子·乐论》云："（先王）故制雅颂之声以道之，使其声足以乐而不流，使其文足以辨而不諰，使其曲直、繁省、廉肉、节奏，足以感动人之善心。" 这是古人用声律来区分雅俗、节奏的千年古训。

在中国古代的节律研究史上，对韵律规则关注最细密、阐述最清楚的莫过于南朝的沈约（441—513）[①]。他说："宫商相变，低昂舛节，若前有浮声，则后须切响，一简之内，音韵尽殊，两句之中，轻重悉异。"（《宋书·谢灵运传论》）这里的基本精神与当代韵律创始人 Liberman（1975）的"相对轻重论"是一致的。当然，沈约也自知局限："韵与不韵，复有精粗，轮扁不能言，老夫亦不尽辨此。"（《答陆厥书》）稽古鉴今，从 Liberman"相对轻重论"发展出来的当代节律学（metrical phonology）给了我们辨

---

① 沈约，字休文，吴兴武康（今浙江德清）人，南朝史学家、文学家。他在给陆厥的信中说："（古人）虽知五音之异，而其中参差变动，所昧实多，故鄙意所谓'此秘未睹'者也。以此而推，则知前世文士，便未悟此处。" 但他也承认："韵与不韵，复有精粗，轮扁不能言，老夫亦不尽辨此。"

识“韵之精粗”的现代工具。①

古代的韵律不仅涉及发音，还事关语法。最早触及这个题目的当属唐代的孔颖达。他在《毛诗正义》里疏解“视民如禽兽”时说：“《经》言‘虎’‘兕’及‘狐’，止有兽耳，言‘禽’以足句”；在疏解《召南》“羔羊之皮”的时候说：“兼言羊者，以羔亦是羊，故两言以协句”。其中的“足句”“协句”（其他尚有“圆文”等韵律分析）都为今天韵律语法的建立，提供了古代的语料和证据。

在汉语语言学史上最早发现韵律制约句法现象的当首推马建忠。②他在研究“易之以羊”和“以羊易之”两种句型时精辟地指出：“转词介以‘以’字置于止词之后者，盖止词概为代字，而转词又皆长于止词。”（《马氏文通》）就是说，如果动词的宾语是代词，而介词的宾语又较长的话，那么就要采用 [[V+ 代][以 +NP]] 的格式。以成分的长短定词序，正是从韵律控制句法的角度看问题。然而，值得回味的是，马氏虽然惊人地发现了韵律的作用，但却说“惟排偶声律者，等之‘自郐以下’耳”—— 将韵律的因素排斥在句法之外。他一方面卓有发明，另一方面又自

① 注意：在 Liberman 之前，Chomsky, Halle, and Lukoff（1956）早已奠定“循环重音指派”（cyclic stress assignment）的操作体系（也即韵律跟语法的直接相关性。参 On accent and juncture in English. In: Morris Halle, Horace Lunt, Hugh MacLean, and Cornelis van Schooneveld (eds.), *For Roman Jakobson*. The Hague: Mouton, 1956. 65-80.）。而 Halle and Keyser（1966、1971）的文章更可看作生成节律学（generative metrics）的创始之作（其中的重音分布规律，采用了 Chomsky, Halle, and Lukoff（1956）的理论，认为重音跟句法直接相关。参 Morris Halle and Samuel Jay Keyser. Chaucer and the study of prosody. *College English* 28.3 (1966): 187-219. 及 Morris Halle and Samuel Jay Keyser. *English stress: its form, its growth, and its role in verse*. New York: Harper and Row, 1971.）。

② 事实上，乾嘉学者如王念孙等均有很好的发明。但“韵律训诂”方面的研究才刚刚开始。

毁长城，为什么呢？究其根本，是没有理论的缘故。[①] 于是杨树达批评他说："但据类例之多少为言，绝无何等理论为根据也。"（《马氏文通刊误》）我们吃没有理论的亏太多了！殊不知，我们吃不能（不善？不屑？）创造理论的亏，更大、更多！没有理论，很难准确地把握现象，到手的东西也终将复失，更不消说本质与规律。马氏韵律语法的失败在理论。事实上，马氏不仅没有韵律理论，他的句法理论也不独立（《马氏文通》大抵以拉丁语法为底本）。当然，我们在看到理论之必要（necessary condition）的同时，也不能忘记它并非充分条件（sufficient condition）。原因很简单，即使有了理论也不能保证对现象的揭示准确无误。乔姆斯基的管约句法论（government-binding theory）可谓理论，但根据这个体系，Zwicky and Pullum（1986）得出的却是一个错误的结论：句法无语音原则（Principle of Phonology-Free Syntax）[②]。他们说："句法无语音原则是为跨语言而设定的语法；该语法禁止句法规则或句法限定参考音系的信息。"（The Principle of Phonology-Free Syntax (PPFS) is a proposed universal principle of grammar that prohibits reference to phonological information in syntactic rules or constraints.）[③]

在形式句法理论界，这一"句法无语音"的错误信念直到

---

① 什么是理论？我们认为，其本质属性主要有两点：一是要把假设和规则说明确（explicit），一是要有可验证的预测（make verifiable predictions）。参 Karl R. Popper. *The logic of scientific discovery*. New York: Basic Books, 1959.

② Arnold M. Zwicky and Geoffrey K. Pullum. The principle of phonology-free syntax: introductory remarks. *Working papers in linguistics* 32; Columbus, OH: The Ohio State University, 1986. 63-91.

③ 引自 Philip H. Miller, Geoffrey K. Pullum and Arnold M. Zwicky. The principle of phonology-free syntax: four apparent counterexamples in French. *Journal of Linguistics* 33 (1997): 67-90.

最简方案出来后才逐渐改变。2008 年 11 月 7 ～ 9 日在康奈尔大学召开的第 39 届 NELS 会议的广告上，我们第一次听到这样的声音：

“The design of the grammar is standardly assumed to be complex, involving components such as phonetics, phonology, syntax and semantics. The initial view that components of the grammar are autonomous has proven to be overly strong, and more and more cases of interfaces among components have been documented. This in turn opens questions about the extent and nature of such interfaces: is there a line between interacting components and components without borders?”

基于这种新的认识，会议邀请学者投交有关“explore empirical as well as theoretical aspects of the interfaces among two or more components of the grammar, and formal tools that capture such interfaces”的论文。时隔不久，Richards 在 *Uttering Trees*（2010）一书中便提出“疑问词移位”（*wh*-movement）是由韵律导致的的看法：疑问词移位的句法运作发生在韵律刚好需要的情况下（The syntactic operation of *wh*-movement takes place just in case the prosody requires it）。在 20 世纪 70 ～ 80 年代的形式句法里，这是不可想象的。

国际韵律语法研究风起云涌，我国韵律语法研究的情况则很不同。我们一向没有宏大系统的语言学理论，自然也没有 Zwicky 那样极端、绝对的理论错误。从上面看到，韵律对语法的作用我国古代先贤早有揭晓，进入当代，相关研究层出不穷。最明显、最有影响的是郭绍虞的“弹性词说”（1938）[①]和吕叔湘的 2+1、1+2

① 《中国语词之弹性作用》，载于《燕京学报》1938 年第 24 期。

的“趋势说”(1963)[①]。当然，赵元任的“电离化(ionization)/离合词”理论，更堪称早期韵律语法最精辟的分析：

可是既然咱们可以说“上了一堂课”，何以不能说“体了一堂操”？要是照字面意义来说，“操了一堂体”应该更合逻辑，可是却没人这么说。这又是语音的因素比逻辑的因素更重要的关系。但是动—宾式结构的抑扬型韵律就足以强迫“体”作动词，“操”作宾语，不管逻辑不逻辑。因此“体了一堂操”就成了学生的经常用语了。

——《中国话的文法》[②]

这里“抑扬型韵律足以强迫‘体’作动词，‘操’作宾语，不管逻辑不逻辑”一语，为我们开辟了一个新的研究领域。顺此而推，汉语韵律的另一重要属性就是近年来发现的“韵律的形态功能”(参本系列丛书中王丽娟《汉语的韵律形态》)。这方面的研究，我们甚至可以溯源到陆宗达、俞敏(1954)对“开开 kāikai(动词：这水得开开再喝)”和“开开儿 kāikāir(形容词：这水开开儿的，正好沏茶啊)”等北京话词语的重音分析。[③]

汉语韵律语法研究的另一大宗是它在文学上的作用。我国(和邻邦)的学者在这方面的研究有着长久的历史和丰富的学说。南朝沈约的“浮声、切响”(《宋书·谢灵运传论》)、刘勰(465—520)的“往蹇来连”(《文心雕龙·声律》)、唐代日本和尚遍照金刚的“诗行两半(半逗律)”(《文镜秘府论》)、清代桐城派学者刘大櫆的“音节神气”(《论文偶记》)，以至于当代启功先生的

① 《现代汉语单双音节问题初探》，载于《中国语文》1963 年第 1 期。

② 刘梦溪主编《中国现代学术经典》“赵元任卷”中的《中国话的文法》，河北教育出版社，1996 年。

③ 注意：“这水得开开再喝”的重音在第一个“开”上，“这水开开儿的，正好沏茶啊”的重音在“开儿”上。见陆宗达、俞敏《现代汉语语法·上》，群众书店，1954 年。

"诗节韵律"(《诗文声律论稿》)，等等，都是我国古今节律学研究的宝贵财富，亟待总结和开发。

如果说郭绍虞的"弹性"、吕叔湘的"趋势"和赵元任的"电离化"均是以20世纪70年代以前的传统韵律理论为基础进行研究的话，那么我国当代韵律语法的研究则是以Chomsky、Halle、Keyser以及Liberman等当代学者70年代前后提出的"相对轻重说（relative prominence）"[①]为基础、伴随80年代改革开放带来的西方当代语言学理论的引入而开始的。我们知道：汉语韵律—语法的研究以"句法影响/制约韵律"为起点。譬如C. C. Cheng（1973）[②]提出的以句法分枝为上声变调域的观点；Chilin Shih（1986）[③]和Matthew Chen（2000）[④]进行的以句法为基础的音步研究（foot formation based on syntax）；Matthew Chen和他的学生提出的以句法XP为界确定的连音变调域（如Matthew Chen，1987）[⑤]；Selkirk（1986）[⑥]受到Matthew Chen影响后提出的"界定参数"（edge-setting parameters）和"韵律范畴域"（domains of prosodic categories）；Selkirk and Shen（1990）[⑦]观察到的上海方

① M. Libermann and A. Prince. On stress and linguistic rhythm. *Linguistic Inquiry* 8 (1977): 249-336.

② A synchronic phonology of Mandarin Chinese. *Monographs on Linguistic Analysis*, No. 4. The Hague: Mouton.

③ *The prosodic domain of tone sandhi in Chinese*. PhD dissertation, University of California, San Diego.

④ Tone sandhi: patterns across Chinese dialects. *Cambridge Studies in Linguistics*, No. 92. Cambridge, UK: Cambridge University Press.

⑤ The syntax of Xiamen tone sandhi. *Phonology Yearbook* 4: 109-149.

⑥ On derived domains in sentence phonology. *Phonology Yearbook* 3: 371-405.

⑦ Prosodic domains in Shanghai Chinese. In: Sharon Inkelas and Draga Zec (eds.), *The phonology-syntax connection*. Stanford and Chicago: CSLI Publications and University of Chicago Press, 1990. 313-337.

言里“句法—韵律错配现象”（phonology-syntax mismatches）；还有 Duanmu（1995、1999）[①] 提出的上海话连音变调域的重音循环指派法（tone sandhi domains are based on cyclic stress assignment），等等，都是从“句法影响韵律”的角度进行的研究。与此同时，Matthew Chen（1979）[②] 还进行了“句法—韵律相互影响”的研究。他在汉语律诗的探讨中提出句法分枝和韵律分枝必须彼此对应的规律。当然，令人更为关注的是突破 Zwicky“韵律无句法原则”的新理论：“韵律对句法的影响和制约”。这方面我们首先看到的是 Inkelas and Zec（1990）[③] 有关韵律制约句法的研究，其次是 Feng（1991、1995）[④] 有关汉语的韵律结构和韵律制约的句法研究。继此则有 Zubizarreta（1998）的 P-movement[⑤] 以及董秀芳（1998）[⑥]“韵律制约的动补结构”等一系列的韵律制约句法的研究。

在新兴韵律理论（metrical phonology）的影响下，汉语韵律语法的研究发生了质的变化。早在 20 世纪 80 年代初期，语言学论坛上就涌现出一批年轻的韵律语法研究者，如陆丙甫、吴为善、张国宪、端木三、冯胜利等。1990 年，端木三与陆丙甫的

---

① S. Duanmu. Metrical and tonal phonology of compounds in two Chinese dialects. *Language* 71.2 (1995): 225-259. & S. Duanmu. Metrical structure and tone: evidence from Mandarin and Shanghai. *Journal of East Asian Linguistics* 8.1 (1999): 1-38.

② Metrical structure: evidence from Chinese poetry. *Linguistic Inquiry* 10.3 (1979): 371-420.

③ Sharon Inkelas and Draga Zec (eds.), *The phonology-syntax connection*. Stanford and Chicago: CSLI Publications and University of Chicago Press, 1990. 365-378.

④ Prosodic structure and word order change in Chinese. *The Penn Review of Linguistics*, Vol. 14, 1991. & *Prosodic structure and prosodically constrained syntax in Chinese*, PhD dissertation, UPENN, 1995.

⑤ *Prosody, focus, and word order*. Cambridge, MA: The MIT Press, 1998.

⑥《动补带宾句式中的韵律制约》，载于《语言研究》1998 年第 1 期。

"辅重论"① 打响当代韵律语法研究的第一枪。1997 年冯胜利到四川大学讲授韵律构词学（词汇化）和韵律句法学（核心重音）②，不久就有了董秀芳的《述补带宾句式中的韵律制约》(《语言研究》1998 年第 1 期)③。此后，韵律语法方面的研究论文便如雨后春笋般涌现。经过近 20 年来的蓬勃发展，韵律语法研究在中国已蔚为大观。最为突出的就是杨树达批评马建忠没有理论的情况已大为改观：当代汉语韵律语法有了自己的理论。最初是端木的"辅重论"（1990、2000）和冯胜利的"核心重音说"（1991、1995），后来则有《汉语非线性音系学》(王洪君，1999、2008)、《汉语韵律句法学》(冯胜利，2000)、*Chinese Phonology*（Duanmu，2000）以及 *Prosodic Morphology*（Feng，1997）④ 等不同学说和理论的纷纷出炉。在中国，这些都是前所未有的新理论，因此也不容易一下子为人所理解。老实说，韵律语法的起步是相当艰难的，不仅当时的研究生，就是一般的学者对其中的"形式句法理论""形式音系理论"也不太熟悉。为培养兴趣、奠定基础，韵律语法理论的引进和普及，最初采取的是"近取诸身"的做法。⑤ 譬如把"核心重音"说成"不能头重脚轻""切忌尾大不掉"(而不是"管约，

① 2002 年发表于 *Journal of the Chinese Language Teachers Association* 37.2: 123-136，名为"Rhythm and syntax in Chinese: a case study"。

② 讲稿后来修改为《汉语的韵律、词法与句法》出版，北京大学出版社，1997/2005/2009。

③ 她后来从功能角度研究"词汇化"，成绩显著，但是给韵律导致的双音化的研究留出了很大的空间，有待开发。

④ Prosodic structure and compound word in classical Chinese. In: Jerry Packard (ed.), *New approaches to Chinese word formation: morphology, phonology and the lexicon in modern and ancient Chinese*. Berlin: Mouton de Gruyter. 197-260.

⑤ 王国维和陈寅恪在讨论中国历史上引进西方新思想的实例时认为"西洋之思想不能骤输入我中国"(《论学术界》)，并提倡"取珠而还椟"的方法(《吴宓与陈寅恪》)。其意至深，足资为鉴。

Government and Binding，为基础的核心重音的指派”）。即使涉及管约的定义，也为便于理解而从简解说（informally speaking），把“公式化的形式限定”说成大家能理解的“动词后不能有两个（可携带重音的）成分”，诸如此类，不胜枚举。结果呢？虽便于初学和理解，但也带来了始料未及的误解和分歧。有人不理解其中的运作，说：“汉语的名词可以做谓语，可见动词指派重音的理论有问题。”有人怀疑说：“句子的焦点重音是任意的，如何影响句法？”有人歧解道：“汉语的句子可以不用动词，可见动词指派重音的操作是错的。”有人质疑道：“1+2 的‘铁公鸡’可以说，凭什么说 1+2 不合法？”还有人直接反对说：“汉语没有重音，也没有音步，因此用重音、音步建立起来的韵律理论靠不住！”疑惑之极，竟有人质问：“韵律的作用到底有多大？”显然，有些问题已经超出学科的范围，因为我们一般不问“化学的作用有多大”。当然，我们都知道：如果“汉语没有音步”的话，怎么可能“55/55/555”“柴米 / 油盐 / 酱醋茶”的节律停顿都一样？假如“汉语没有重音（或凸显）”的话，那么人类语言节律中的“相对凸显律”将由何表现？我们更知道，新领域开辟、新学科建立之初，出现不同的意见和争议是很正常的。太炎先生曾慨叹孙诒让的学术所以未宏于世的原因，是没人反对的结果[①]；而对生成语法的质疑之声至今不绝于耳，却反促其发展，则更是范例。即如 1+2 的“铁公鸡”，虽非反例，但它给韵律语法提出了挑战。挑战促使更深的规律、更多的解释被发掘、发现。1+2 [名词 + 名词] 为韵律理论所不容，然而就在解决这些反例的过程中我们发现了

① “自孙诒让以后，经典大衰。像他这样大有成就的古文学家，因为没有卓异的今文学家和他对抗，竟因此经典一落千丈。这是可叹的。我们更可知学术的进步是靠着争辩，双方反对愈激烈，收效方愈增大。”《国学概论》，中华书局，2003 年，第 33 页。

两条新的规律：一是“材料”（铁公鸡、木地板、棉手套；？钢铁公鸡、木头地板、？棉花手套）可用1+2；二是“所有格”（班主任、校领导；班级主任、学校领导）可用1+2。为什么呢？原因很可能是“材料、所有格”实际上是形容词性而不是名词性成分的缘故（参Feng，2001；Duanmu，2012）。① 这类现象，前人不但没有解释，而且很难会想到。因此，本着真理出于争辩的理念以及促进新兴学科发展的愿望和责任，我们编写了这套丛书。可以说，这套丛书是这个学科不断发展和成熟的标志，是东西方学术研究交汇和碰撞的结果，当然也是这个学科有待整合、总结以便深入发展的当前需要。

这套“汉语韵律语法丛书”的作者都是韵律语法领域中的前沿工作者。他们有的是该学科的资深学者，有的是该领域里的年轻新秀，但他们有一个共同点，就是对此新兴学科的热爱与执着，他们都在这一领域富有自己的心得、体会和贡献。

这套丛书第一批出版的专著共九册。《音步和重音》，作者端木三。该书用大量汉语和英语语料，深入浅出地讨论了节奏的基础——音步和重音，以及它们在诗歌和普通语言里的作用。作者总结了前人的成果及不足，提出一个新的理论观点：所有的节奏模式都可以用一个统一的音步来解释。该书还附有术语表，便于读者查找常用的基本概念。

《汉语的韵律形态》，作者王丽娟。该书介绍了什么是语言的形态，汉语有没有形态，汉语有什么形态，以及韵律如何在汉语中发挥形态作用等一系列的前沿问题。作者通过分析汉语“韵律和形态”互动的现象提出：和音段层面的元音、辅音一样，超

① The multidimensional properties of wordhood in Chinese. *Contemporary Linguistics* 3 (2001): 161-174. & Word-length preferences in Chinese: a corpus study. *Journal of East Asian Linguistics* 21.1 (2012): 89-114.

音段层面的音高、音强和音长等韵律成分，也是重要的形态手段。汉语正是这样一种富于韵律形态的语言。与此同时，跨语言的现象表明，韵律形态不是汉语独有的特征，而是人类语言的共性。作者呼吁：全面展开以汉语为基础的跨语言的“韵律形态研究”。

《汉语的韵律词》，作者裴雨来。该书介绍汉语韵律词研究的理论基础，包含韵律结构、韵律层级以及韵律词作为模板的韵律构词的理论。与此同时，作者详细说明了汉语的韵律构词操作，提出“汉语韵律词模板规则”，并根据这一规则分析了普通话多种复合词现象，比如“[$_{\text{词}}$凳子]/[$_{\text{词}}$板凳]/[$_{\text{词}}$*板凳子]”“[$_{\text{词}}$耕地]/[$_{\text{词}}$*耕种地]”等对立现象，“牙+齿（=牙）”等冗余现象，“煤炭店、纸老虎、开玩笑”等不同类型1+2、2+1格式，“纸张粉碎机”等含动复合词，“北京大学→北大”等缩略词，以及“孔→窟窿”“夏→有夏”等双音化现象。最后作者着重说明了“韵律词与词感的关系”以及“韵律词法与韵律句法间的交互作用”等问题。

《汉语的最小词》，作者洪爽。该书全面介绍了汉语最小词的相关知识，认为：最小词是由一个双音节的标准音步实现而成的韵律词，是韵律系统中“规则推演”的结果，是一类特殊的韵律词——最和谐的韵律词。谈最小词不能离开具体的词法、句法等语言环境，否则无所谓最小词。就是说，最小词是“动态”的，这是它与标准韵律词的最大差异之所在。最小词可以分别从节律和句法两方面来进行分类。作者认为最小词的确立对语言研究有着十分重要的意义和作用：可以为词和短语的区分提供新的视角和思路，也可以深入理解允准和促发句法移位的动机及运作，更可以多维度地解释汉语合成词复合的动机和构造的过程。正因如此，最小词的研究值得引起充分的重视。

《汉语嵌偶单音词》，作者黄梅。该书首先提出了两个问题：（一）为什么“校、国、避、佳”等单音“词”不是黏着语素或半自由语素而是“嵌偶（单音）词”？（二）是什么原因导致嵌偶单音词的句法分布受到限制？作者从这些词在使用中不得不“双”的韵律特点出发，说明它们出现的韵律与句法的条件，并提出判定它们的标准是看其能否独立做句法成分，因此凡能独立做句法成分的单音节单位，尽管韵律受限，也是词。除此而外，嵌偶词只用于庄典语体，具有很强的语体语法性。因此，它们在其他语体中很难或根本不能出现。最后作者强调指出：“不得不双”的嵌偶性是现代庄典体语法的重要属性。

《汉语合偶双音词》，作者王永娜。合偶双音词是一种自身为双音节且要求特定组合对象也必须至少为双音节的，句法自由，但合偶要求有一定方向性的书面正式体的语体词，简称“合偶词”。该书从《汉语水平词汇与汉字等级大纲》中收集到一千多个合偶词，在此基础上，介绍合偶词的鉴别标准，考察合偶词在四大词类（动、形、副、名）中的分布和存在情况，介绍了四类合偶词内部在组合方式上的差异、对应的语体功能及其差异，阐明了合偶词的语法本质是以“双”配“双”的韵律形式和组合方式来完成正式语体的交际目的。作者认为，合偶词普遍具有“抽象 + 抽象”的语义特征，这是汉语构建正式语体的一种语法形式。

《汉语的句法词》，作者庄会彬。该书从汉语“词”“语”纠缠的问题出发，认为“句法词”的概念界定和阐释可以帮助解决这一学界长期以来的困惑。作者进而深入探讨了句法词研究的现状、句法词的派生、句法词与词汇词以及“的”字短语的联系和区别。以“白菜”“白布”“白的布”为例，三者之间“词”“语”界限该在何处划分，一直都是老大难问题，然而，引入句法词之后就变得较为清楚。"白的布"是短语,"白菜"为词汇词(固化词),"白布"则为句法词:三者的差异由是泾渭分明,"词""语"界限也因此可定。

《汉语的四字格》,作者朱赛萍。该书讨论了:汉语的四字格为什么是人们言语生活实践中喜闻乐见的一种独特的表达形式?五花八门的四字格到底是怎样产生的?为什么四字格在汉语中如此普遍而备受青睐?作者通过介绍四字格的韵律、句法与语体等多方面的特征,全方位探索了汉语四字格的韵律特征以及生成方式。作者指出,汉语的韵律系统和机制,是揭开汉语四字格前世今生之谜的钥匙。

《汉语韵律语法问答》,作者冯胜利。该书从理论、实践以及作者自身的经验和体会出发,深入浅出地解答了学生和学界对于20多年来韵律语法研究的疑问和质疑,诸如"汉语有没有音步""什么是韵律层级""什么是相对凸显 / 轻重""韵律的作用到底有多大",等等。该书的问答既针对初学者的日常问题,又关系到研究者的专业问题及该学科的历史和发展,同时也涉及韵律语法操作的原理和方法,如"韵律形态""层级跨界""韵律删除与韵律激活""焦点重音与核心词移位""句法词与最小词"等前沿问题。该书的讨论对厘清初学者和一般研究者在韵律构词和韵律句法中常常遇到的问题有帮助,对该学科的历史研究和未来的发展有总结和推动的作用。

不难看出,这套丛书的确反映了当前韵律语法发展的方方面面。美国学者 Simpson 在 2014 年出版的《汉语语言学手册》(*The Handbook of Chinese Linguistics*)里面说:

将来的韵律与语法的相互作用的研究,无论是跨方言的共时研究,还是历时的研究(这是具有可能性的),都是未来汉语语言学研究中的一个丰富而内容充实的领域,是一个汉语可以为

“有关人类语言的普通语言学理论”做出重要贡献的领域。①

这是对我们以往韵律语法研究的总结，更是我们将来努力的方向。是为序。

冯胜利（执笔）

2015 年 6 月

① Andrew Simpson. Prosody and syntax. In: C.-T. James Huang, Y.-H. Audrey Li and Andrew Simpson (eds.), *The handbook of Chinese linguistics*. Oxford: Blackwell, 2014. 465-491.

目录

1

第一章

什么是韵律词

第一节 导 言

现代汉语词汇，可简单分成单纯词和合成词两种类型。单纯词只由一个语素构成，音节数量可多可少。有单音节单纯词，如“买、的、高”；有双音节单纯词，如“咖啡、犹豫、日本”；也有多音节单纯词，如“蒙太奇、可口可乐、美索不达米亚”，等等。合成词由至少两个语素构成，含两个或两个以上音节，又分为复合词和派生词两种类型。派生词由词根和词缀组合而成，比如“老板、阿姨、桌子、砖头、作者、指挥员、枪手”等。

关于复合词，中外学者对其构成方式、类型等研究较多，如“地震、眼花、民办”是主谓式（陈述式），“司机、提议、破产”是述宾式（支配式），“证实、改善、纠正”是补充式，“英明、赏罚、江山”是并列式，等等。

本书的讨论重点是汉语的韵律词，不过，我们是通过研究复合词的面貌之所以如此的韵律原因来讨论韵律词。比如下面例（1）中，从组成成分的语义来看，A列与B列并无不同，“震”与“震动”、“眼”与“眼睛”等，意思完全相同；从结构上看，A、B两列也并无差异，都是主谓、述宾、补充、并列等。但汉语复合词，只能是双音节的A列形式，而不能是三音节或更多音节的B列形式（汉语中B列在某些情况下也可以接受，但不可能成为复合词）。

（1） A B

A	B
地震	地震动 / 土地震
眼花	眼睛花 / 眼昏花
民办	民间办 / 民操办
司机	司机器
提议	提建议 / 提出议
破产	破产业
证实	证明实 / 证真实
改善	改变善
纠正	纠改正 / 纠正确
英明	英武明 / 英聪明

有学者用双音节化来解释例（1）中的复合词只能是 A 列形式，不能是 B 列形式这一现象，认为这是汉语词汇双音节化的结果。但是，“双音节化”实际上只是概括了例（1）中 A 列正确、B 列不正确的现象，而并没有解释原因。为什么现代汉语复合词会“双音节化”？这是需要回答的问题。

韵律构词学（Prosodic Morphology）为我们解决以上问题提供了理论基础，该理论主要讨论韵律结构如何影响构词，其基本主张如下（2）所示。（McCarthy & Prince，1986 等）

（2）韵律构词原则

a. 韵律构词假说（Prosodic Morphology Hypothesis，简写为 PMH）

模板（template）由韵素（mora）、音节（syllable）、音

步（foot）、韵律词（prosodic word）等韵律单位来定义。

b. 模板满足条件（Template Satisfaction Condition，简写为 TSC）

对模板的限制由韵律的普遍语言原则和个体特性所决定，这些限制必须被满足。

c. 词法操作的韵律环境（Prosodic Circumscription）

与词法标准一样，韵律标准同样确定词法操作（morphological operations）的作用域（domain）。

为了更好地说明韵律构词理论中的韵律词，我们看例（3）和例（4）。例（3）所示 Ilokano 语的复数形式是通过在原词前加前缀构成，前缀没有固定的词汇形式，而是按韵律上是一个重音节（CVV 或 CVC 音节为重音节，C 代表辅音，V 代表元音，如无特别说明，下文中 C、V 字母的使用均同此处）的要求投射原词的一部分而成的。比如，“kaldíŋ”的前缀是投射原词中“kal”部分而来，“púsa”的前缀是投射原词中“pús”部分而来，“kal”“pús”是 CVC 重音节；“róʔot”的前缀“ro:”是投射原词中“ró”并延长元音“o”而来，“trák”前缀是投射原词中“tra”并延长“a”而来，“ro:”“tra:”是 CVV 重音节。如果不借助韵律构词学理论，构成 Ilokano 语复数前缀形式的规律很难发现，但借助韵律构词理论，该问题可以很好地解决：韵律因素决定了 Ilokano 语复数前缀形式（PMH），前缀必须符合“满足一个重音节”的韵律条件（TSC）。

（3）Ilokano（McCarthy & Prince，1986、1991b；Hayes & Abad，1989）

kaldíŋ	‘goat’	kal-kaldíŋ	‘goats’
púsa	‘cat’	pus-púsa	‘cats’
kláse	‘class’	klas-kláse	‘classes’
jyánitor	‘janitor’	jyan-jyánitor	‘janitors’
róʔot	‘litter’	ro:-róʔot	‘litter (pl.)’
trák	‘truck’	tra:-trák	‘trucks’

例（4）也是韵律构词学理论的体现。构成阿拉伯语中复数（pl.）和爱称（dim.）的方式是改变原词中某一部分的形式，具体来说是将原词中的一部分变为轻重音节组合的抑扬格（iambic）形式。“ħukm”中的“ħuk”变为“ħakaa”和“ħukay”，都是轻音节＋重音节组合（CV是轻音节）；“ʕinab”的“ʕina”变为“ʕanaa”和“ʕunay”，满足轻重音节组合要求；“šaaɣil”则是其中的“šaa”变为“šawaa”和“šuway”，实现轻重音节组合。我们知道，轻与重的组合是音步的要求。上面这些音步对构词的影响均属韵律词构词现象。

（4）Arabic Productive Plural & Diminutive

Sg.	Pl.	Dim.	Gloss
ħukm	/**ħakaa**m/	**ħukay**m	‘judgment’
ʕinab	/**ʕanaa**b/	**ʕunay**b	‘grape’
jaziir+at	**jazaa**ʔir	**juzay**yir	‘island’
šaaɣil	**šawaa**ɣil	**šuway**ɣil	‘engrossing’
jaamuus	**jawaa**miis	**juway**miis	‘buffalo’
jundub	**janaa**dib	**junay**dib	‘locust’
sultaan	**salaa**tiin	**sulay**tiin	‘sultan’

以上两例都反映了韵律对构词最终形式的决定作用，例（3）是韵律词决定了 Ilokano 语构成复数的前缀的形式，例（4）是韵律词决定了阿拉伯语构成复数和爱称的变化形式。词法受韵律因素影响，韵律决定了词法操作的结果。韵律词就是韵律构词运作里的一个基本单位。

要更深入地讨论韵律构词理论，需要了解一些该理论涉及的基础知识。

第二节 韵律结构和韵律层级

一、韵律结构

韵律层级是韵律构词学中的基础概念，要说明韵律层级，我们先从什么是韵律开始。

音质音段之上还存在超音质成分，比如汉语音节“tiān”中，t、i、a、n 都是音质成分，而声调阴平就是超音质成分。超音质成分通常表现为轻重、高低、长短等。超音质成分等距离出现、周期性波动就构成了韵律（节律）。韵律本身构成独立于音质音段之外的韵律结构。

说起语法结构和语义结构，相信大家都不陌生。在传统的结构主义汉语语法研究中，句子被分析为语法结构和语义结构两个层次。（陆俭明，2013）比如句子“老王脆脆地炸了一盘花生米”的语法结构如（5a）所示，语义结构如（5b）所示，状态“脆脆”指向受事“一盘花生米”。

（5）a. 老王　脆脆地　炸了　一盘　花生米

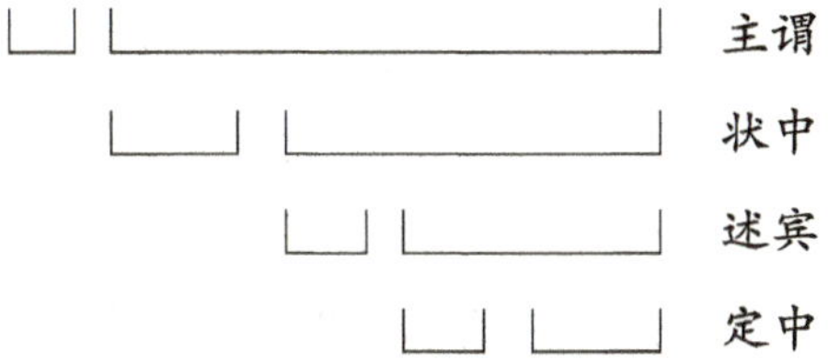

b. 老王　脆脆地　炸了　一盘花生米

施事　状态　动作　受事

但说起韵律结构，似乎就比较陌生。事实上，与语法结构和语义结构相比，韵律结构是我们更容易感知到的一种语言形式。通俗点说，韵律结构大体上相当于传统所说的“节奏”或“抑扬顿挫”。我们说话的时候，可能不会意识到句子的语法结构和语义结构，但绝不会无视韵律结构，因为一张口，句子的语音形式就被“说”出来了，有了轻重，有了长短，有了缓急，韵律结构也就产生了。作为超音质形式，韵律结构与音质音段的关系就好比歌曲的曲调和歌词，二者各有各的规律，联系密切但却各自独立。

以英文为例，单词或语句中具体音素的读音属于音质音段内容，而词重音、句重音等便属于超音质形式。比如例（6）。

（6）a.

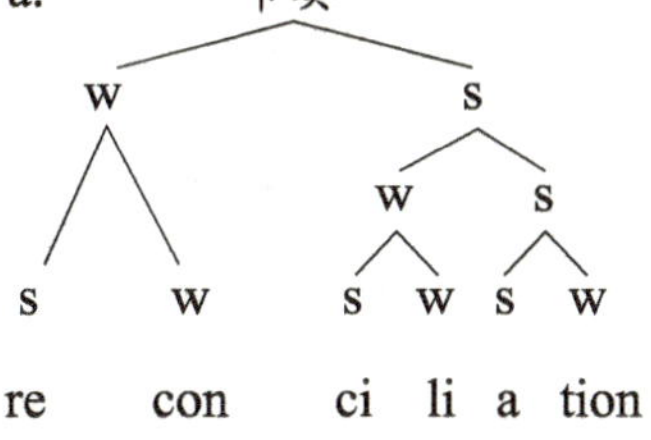

b.

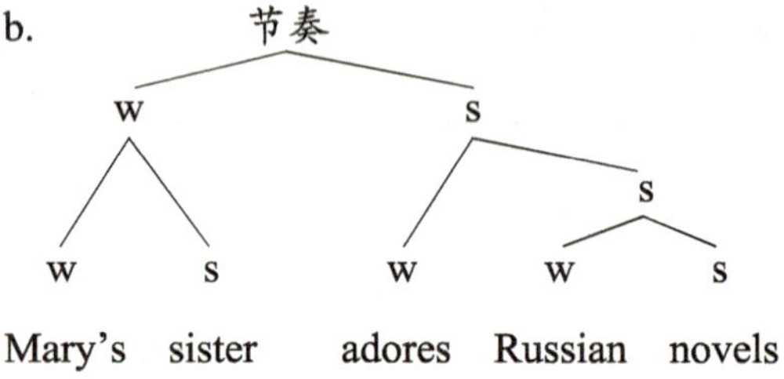

例（6）中，s 表示相对重，w 表示相对轻，相对轻重的反复出现便形成了节奏。（Liberman，1975；Liberman & Prince，1977；Selkirk，1984）（6a）反映的是英文单词 reconciliation 的韵律（重音）结构，该结构正确表达了单词的主重音在音素 /ei/（字母 a）上；（6b）是英文句子的韵律（重音）结构，这一结构也准确说明了该句的重音位于语句最后的名词 novels 上的事实。

与英文不同，“停顿”是汉语韵律结构中最重要的表现之一，下面的例（7）便说明了汉语语句的停顿。“#”代表在说话时最小的停顿；“（ ）”代表稍大一些的停顿；“[ ]”代表更大一些的停顿；“{ }”代表更高一级的停顿，不同的停顿等级构成韵律结构。（7a'）（7b'）（7c'）是韵律结构的分层表达，其中横线表示韵律的单位，比如停顿可以出现的最小单位是“电影的”“生产”等。要说明一点，（7）所显示的是句子不强调任何成分、表达最自然语义时的韵律结构。

（7）a. [电影的（生产#和流通）] {[应以（全球化#市场）] 为支撑}

a'.

b.（这是＃一篇）（极其＃重要的＃文献）

b'. ____ ____ ____ ______ ____

__________ ________________

c.（年轻人的＃家）[就应该（装修得＃简单些）]

c'. ________ __ ______ ______ _____

____________ ______ _____________

____________ ____________________

另外，汉语中语速与停顿的长短有关系，语速越快，级别低的停顿就越不明显，甚至可能被取消。以（6a）为例，当人们语速较快时，这个句子将被读为“电影的生产和流通 $_{\text{停顿}}$ 应以全球化市场为支撑”；如果语速稍慢一点，句子将被读为“电影的 $_{\text{小停顿}}$ 生产和流通 $_{\text{大停顿}}$ 应以全球化市场 $_{\text{小停顿}}$ 为支撑”；如果语速再慢一点，该句将被读为“电影的 $_{\text{小停顿}}$ 生产 $_{\text{微停顿}}$ 和流通 $_{\text{大停顿}}$ 应以 $_{\text{微停顿}}$ 全球化市场 $_{\text{小停顿}}$ 为支撑”。但无论语速快或慢，都不影响我们对韵律结构的讨论。

通常情况下，一个句子中各级停顿的位置是不能随意变换的，比如（7）不能说成（7'）。句子“电影的生产和流通应以全球化市场为支撑”绝不可能被读成“电影的生产 $_{\text{停顿}}$ 和流通应以全球化市场为支撑”；句子“这是一篇极其重要的文献”不可能被读成“这是一篇极其 $_{\text{停顿}}$ 重要的文献”。

其他可依此类推。

（7'）a. *[电影的＃生产] {[和流通（应以＃全球化）市场]
＃为支撑}

b. *[(这是#一篇)极其](重要的#文献)

c. *年轻人的[家#就应该(装修得#简单些)]

以上(7)和(7')的对比，说明了汉语韵律结构的几个特点：

(8) a. 韵律结构是句子语音表达形式的结构，不是语法或语义的；

b. 类似于语法结构，韵律结构也是一级一级组成的；

c. 韵律结构与语法结构之间存在一定的映射关系。

下面我们将对(8)中的三点进行更为详尽的说明，首先从(8a)开始。

简单地说，句子的语音表达形式，就是句子被读出来时的语音流。这个语音流中有停顿，有轻重，甚至会有长短，等等。语音流中这些停顿、轻重、长短等内容构成了句子的韵律，韵律结构即是句子韵律形式的表征。可以这样说，韵律结构是与句子语法结构、语义结构并行的另一个平面的结构。

接下来是(8b)。从例(7)中可以看出，停顿是有等级的。最大停顿分隔开的两个语音段，分别由其他较小的语音段构成；较小的语音段由更小的语音段构成。比如语音段“电影的生产和流通”由较小语音段“电影的”与“生产和流通”构成；语音段“生产和流通”又由“生产”“和流通”两个语音段构成。可以说，类似于“生产”“和流通”这样的二、三音节语音段一级一级递归叠加组成了句子的整个语音表达形式。另外，“生产”“和流通”这样的语音段，又可以分解为两个或者三个音节，比如“shēng”“chǎn”；音节又可以拆解为声母、韵母等；韵又可以分为韵头、韵腹、韵尾几个部分。这样，从例（7）所示的韵律结构中，我们能够看到很熟悉的类似于语法结构里下级单位组成上级单位的情况，比如“生产”与“和流通”组成“生产和流通”，“这是”与“一篇”组成“这是一篇”，等等。这种由下到上的组成关系，可以形象地体现在（9）中——（9）并不是严格的韵律层级，只是下文所介绍的韵律层级的直观体现。（9）中“……”表示其他的成分；“+”表示组合。比如，“……+‘chǎng’+……”表示其他的音节与“chǎng”组合。

（9）韵律自下而上的组成关系

/电影的生产和流通应以全球化市场为支撑/

……+{应以全球化市场为支撑}+……

……+[应以全球化市场]+……

……+（全球化市场）+……

……+# 市场 #+……

……+“chǎng”+……

……+a+……

最后是（8c）。仔细观察（7）可以发现，韵律结构与语法结构非常相近。韵律上的一个成分通常也是语法上的一个成分，比如韵律上的一个语音段“电影的生产和流通”在语法上是句子的主语；韵律上的语音段“装修得简单些”在语法上是一个做中心语的述补结构。跨语法成分而组成韵律成分的情况，通常是有规律的，比如“状语＋其后成分”（“应＋以”“就＋应该”）或者“代词主语+其后成分”（“这+是”），等等。这一部分不是本书的重点，有兴趣的读者可以参看初敏等（2004）、王洪君（2008）和裴雨来（2016）及其所引用的文献。

二、韵律层级

韵律层级是韵律构词学中的基础韵律理论，韵律构词假说的核心内容是对构词模板的限制，它们都以韵律单位来定义。不是所有的各级韵律单位（比如（9）中所示的各级单位）都与韵律构词理论密切相关，只有下面（10）所示韵律层级（prosodic hierarchy）中的单位才与韵律构词理论相关。

（10）韵律层级

韵律词（PrWd）　　市场
|
音步　（F）　　市场
|
音节　（σ）　　chǎng
|
韵素　（μ）　　a

韵素“μ”是韵律学的最小单位，指的是韵母里的要素，如 an 里的“a”和“n”。要说明一点，音节是声母加韵母，比如“谈”这个音节是 /tʰan/；英文的“猫”是一个音节 /kʰæt/。韵素仅指音节里面韵母的要素，不包括声母。因此，我们不把韵素叫作音节素。这里，还隐含着另外一层意思。“天安门”的“天”拼作 /tʰian/，它的韵母是什么呢？是 ian 还是 an？现代音系学分析认为，介音 i 可以放在声母里面。那么，/tʰian/ 韵母的韵素里面就没有 i，而是 an 了。这不是没有道理的，因为汉语的押韵是以韵素相同或相近为条件的。于是，“天”可以押“安”。可见这个 i 不算韵母的一部分，而是声母的一个特征。

我们说要分清韵素，意思就是不要把声母放在里头。原因很简单：一是押韵不管声母；二是在很多语言中，韵素才是计算音节重量的单位。此外，要注意因为韵素只指韵母，所以一个 CVV（如 tai）或 CVC（如 tan）音节的韵素数量与两个 CV（如 ta）音节的韵素数量是相同的——都是两个韵素。

σ 为音节，指独立的可单独发音的音段。音节之上是音步，音步之上是韵律词。音节和韵素的关系是组合关系——音节由韵素组成。只包含一个韵素的音节是轻音节；包含两个韵素的音节是重音节。比如pa只包含一个韵素a，所以是轻音节（CV音节）；paa 或 pat 包含两个韵素，所以是重音节（CVV 或 CVC 音节）。根据上文的说明，介音属于声母，所以汉语音节 pian 只包含两个韵素，是重音节。

音步（F）是节奏层级中非常非常重要的一级单位，其基本的构成要求是音步双分枝原则（foot binarity），见例（11）。音步究竟由两个韵素构成还是由两个音节构成，在不同的语言中情况不同。比如英语音步由韵素构成，cat（/kʰæt/）是 CVC 音节，包含的两个韵素 V、C 直接组成音步，例示为（12a）；汉语不是利用韵素组成音步，而是由音节组成音步，“yóuyù（犹豫）”“gāoxìng（高兴）”“píngguǒ（苹果）”等双音节构成一个音步，例示为（12b）。所以，同样的音节 man，因为包含两个韵素，在英语里可以构成一个音步；在汉语里无法构成一个音步，例示为（12c）（12d）。（12d）中，“*F”表示不能构成音步。

（11）音步双分枝（Foot Binarity）

音步需由两个韵素或两个音节构成。

（12）a. 韵素构成音步

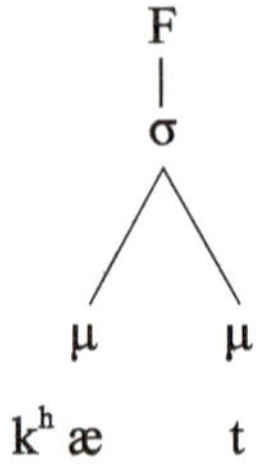

b. 音节构成音步

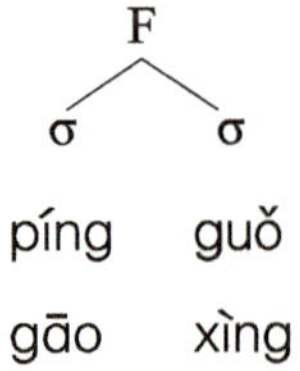

c. 英语

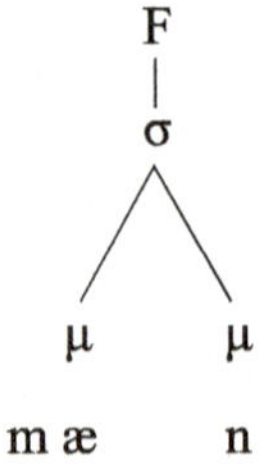

d. 汉语

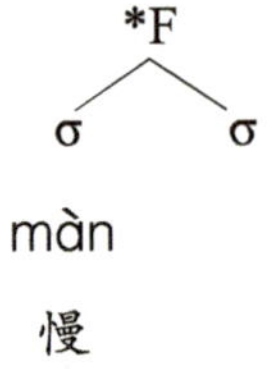

还要说明一点，对于韵素构成音步的语言，单音节 CVV 或 CVC 与两个 CV 音节一样，都只构成一个音步，因为无论前者还

是后者，都包含两个韵素，例示见（12e）(12f)。[①]

（12）e. 一个音节两个韵素　　　　f. 一个音节一个韵素

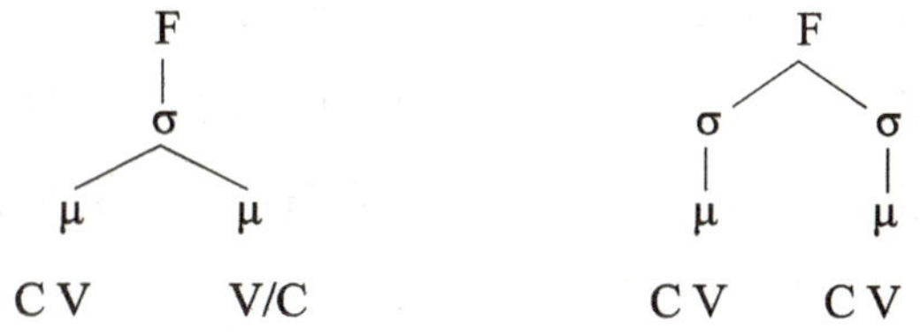

韵律词（prosodic word，简称 PrWd）在韵律层级中是一个非常重要的概念，韵律词由音步构成。在英文中，韵律词是确定词汇主重音的范域，比如 reconciliation、national、body 等虽都包含多个音节、多个韵素、一个或多个音步，但共同的要求是：一个韵律词，只有一个主重音。汉语韵律词的系列研究大概起始于 20 世纪 90 年代初，冯胜利首先将其引进汉语。汉语中，音步和韵律词的区分与英文不同。

汉语由音节构成音步。汉语中，数字串如 9999999 要读成“99/99/999”节律组，并列词串如“柴米 / 油盐 / 酱醋茶”也读成 2+2+3 式节律段，外国名字如“布宜 / 诺斯 / 艾利斯”的节律也一样。可见双音节音步是标准音步，三音节为超音步。音步直接实现为韵律词。标准音步实现为标准韵律词，超音步实现为超韵律词。从表面上看，音步和韵律词两个概念并无形式上的区别，只是韵律层级中的地位不同，价值不同。（冯胜利，1998）在韵律词这一层面，韵律与构词见面了。在韵律层级中，音步（foot）

① 关于音步的更多研究请参看本系列“汉语韵律语法丛书”之端木三《音步和重音》。

以下是纯语音或音系内容，当然这个语音是超音段的（以轻重来计量的），到了韵律词这一级则发生了变化，韵律词是韵律和构词相互作用的结果，是韵律和构词结合的产物。

界面（interface）指不同层面的相互交界，韵律词就是韵律与构词交界的结果——韵律不仅直接进入构词层面，而且控制构词层面的产品。所以韵律词不仅仅是语音的单位，也是构词法的直接参与者，汉语复合词的现状（比如“地震 / * 地震动”“改善 / * 改善良”“清华大学→清华 / * 清华大”“非典型性肺炎→非典 / * 非典肺”，等等）很大程度上是由韵律词决定的。韵律词的作用，甚至不限于汉语复合词本身形式的范围，比如同样是量词，但只有“天天”“年年”等可以重叠表示“每一”的意思，而“加仑加仑”“公斤公斤”则不行。显然两个音节的单位不能使用这种词汇形式。这里，韵律对“大小”的要求告诉我们，在构词时不遵守韵律之法，构出来的词是不合法的。（冯胜利，2001a）

最后，韵律词虽然也是 word，但此 word 与传统的句法 word 很不同。我们知道，句法中“word”其实就是一级单位，是一个句法单位（syntactic unit），是在树形结构上占据一个终结点（terminal node）的词项，它有自己的句法属性标号，而且怎么标没关系，关键的是它是一个句法的单位。而韵律词所关注的是韵律单位（音步）和词法单位（词素 / 派生词 / 合成词）相互结合与作用的结果，是当韵律单位和构词单位相互作用时，产生的一种兼合（或兼容）单位。（冯胜利，2013）

第三节　模板作为词干的韵律词

从这一节开始，我们将利用具体示例详细说明韵律词的理论根据和具体操作——模板。

模板作为词干的韵律标准是指词法操作的最终输出形式受韵律模板的控制，其结果叫韵律词。比如例（13），左列是日语中的姓名（根词），右列是相应的昵称（生成形式），其中昵称形式的词干由双韵素模板决定。

（13）Hypocoristics in Japanese（Poser，1984）

Name	Hypocoristic
ti	tii-tyan
syuusuke	syuu-tyan
yoosuke	yoo-tyan
taizoo	tai-tyan
kinsuke	kin-tyan
midori	mii-tyan ~ mit-tyan ~ mido-tyan

可以看出，（13）中昵称形式是由词干和词缀 tyan 构成的，词干形式与原姓名根词中词首形式有关，而且二者间的关系看起来非常复杂：有时昵称的词干就是原姓名中第一个音节，无任何变化，比如 syuu、yoo、tai、kin；有时昵称的词干是把原姓名根词中第一个音节的韵母拉长，比如 tii、mii；有时昵称的词干在原姓名根词中不是一个音节，比如 mit；也有时昵称的词干是原姓名中前两个音节，比如 mido。这一现象只能借助韵律构词理论解决，具体分析见（14）。

（14）双韵素模板的投射

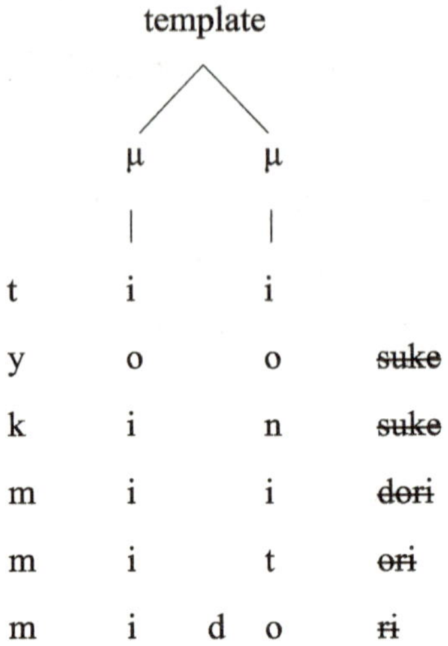

（14）中，原姓名根词形式都投射到一个双韵素模板中，进入这个双韵素的部分即为昵称中合法的词干，无法进入这个模板的部分便被删除了。合法的双韵素词干就是韵律和构词相互作用的结果，即韵律词。比如，“ti”投射到双韵素模板中，结果是在其后补充了一个元音“i”，得到“tii”；“kinsuke”向双韵素模板投射，“suke”不能进入模板，所以被删除，得到了昵称词干“kin”；“midori”投射到双韵素模板的选择较多，既可以在“mi”后补充一个“i”，也可以直接投射“mid（t）”，还可以投射“mido”，得到的结果都是双韵素。其他各例，依此类推。

模板可以决定词干的形式，也可以决定词缀的形式。模板是节律学的术语，它反映到构词上，就叫作韵律词。

第四节　模板作为词缀的韵律词

模板作为词缀是指模板决定了词法操作过程中词缀的形式，在这种情况下，该语言的词缀就取韵律词的形式。比如例（15a）中，加于词根上的第二个前缀有时是根词中的一个音节，比如bu、jya、kal；有时根本不足以构成一个音节或打破根词中的音节边界，比如pa、pus、jyan，看起来非常复杂，但借助韵律构词理论分析，结论非常简单：前缀是根词向特定的韵律模板投射的结果:（15a）是向单韵素模板投射，（15b）是向双韵素模板投射。

（15）Monosyllabic Prefixal Reduplication

a. 单韵素模板例	covered/filled with'	gloss
bu.neŋ	→ si-bu-bu.neŋ	'carrying a buneng'
jya.ket	→ si-jya-jya.ket	'wearing a jacket'
pan.di.liŋ	→ si-pa-pan.diliŋ	'wearing a skirt'
b. 双韵素模板例	plural	gloss
pu.sa	→ pus-pu.sa	'cats'
jya.nitor	→ jyan-jya.nitor	'janitors'
kal.diŋ	→ kal-kal.diŋ	'goats'

例（15a）（15b）的具体投射过程分别如（16a）（16b）所示：（16a）中，词根向单韵素模板投射，得到词缀bu、jya、pa，不能投射到这一模板内的其他成分，比如neŋ、ket、ndiliŋ都被删除了，没有进入最终构词，因为不是韵律词;（16b）中，词根向双韵素模板投射，得到词缀pus、jya、kal，不能进入这一模板的成分，比如a、itor、diŋ也都被删除了，因为不是合格的韵律词。

（16）a. template　　　　　　b. template

σ　　　　　　σ

μ　　　　　　μ　μ

si - bu~~.neŋ~~ - bu.neŋ　　　pu　sa　-pu.sa

si - jya~~.ket~~ - jya.ket　　　jya　n~~.nitor~~　-jya.nitor

si - pa~~n.diliŋ~~ - pan.diliŋ　　　ka　l~~.diŋ~~　-kal.diŋ

再比如（17）中的后缀，是“词根向一个双韵素模板投射”的韵律词。

（17）Suffixing Reduplication in Manam

salaga	salagalaga	‘long’
moita	moitaita	‘knife’
ʔarai	ʔarairai	‘ginger species’
laʔo	laʔolaʔo	‘go’
malaboŋ	malabomboŋ	‘flying fox’
ʔulan	ʔulanlaŋ	‘desire’

例（17）的投射过程，可图示为（18）。词根从后向前投射到一个双韵素模板中，成为满足韵律词要求的后缀，不能投射到模板中的部分被删除。

（18）Manam 语双韵素后缀模板投射

template

μ　μ

salaga　~~sa~~　la　ga

moita	~~mo~~	i	ta
ʔarai	~~ʔa~~	ra	i
laʔo		la	ʔo
malaboŋ	~~mala~~	bo	ŋ
ʔulan	~~ʔu~~	la	ŋ

例（19）是Ilokano语动词进行时构成的示例，可以看出，构成该语言动词进行时的方法是前面加两个词缀，第一个是ag，第二个则是重叠词根左起的某一部分而来。从音段看，各个例子中有的重叠了两个音段（-ad-、-da-），有的重叠了三个音段（-bas-、-tak-），还有的重叠了四个音段（-trab-）；从对动词词根的音节分析来看，有的重叠的是词根的第一个音节（-da-、-tak-），有的则除第一音节外还重叠了第二个音节的一部分（-bas-、-ad-、-trab-）。如果单独从语法上词形变化的角度看很难找到重叠的规律，借助韵律构词中模板和韵律词的理论，问题很容易解决：第二个前缀是最大音节CGVC（即“辅音＋介音＋元音＋辅音”），动词词根向这个模板投射。

（19）Ilokano 语动词进行时

动词词根	动词进行时	词根义
basa	ag-bas-basa	读
adal	ag-ad-adal	学习
dait	ag-da-dait	缝
takder	ag-tak-takder	站
trabaho	ag-trab-trabaho	工作

例（19）词根向最大音节投射的过程，可图示为（20）。第一个词的词根是 basa，该词根向该语言的音节模块 CGVC 投射，词根首音素 b 投射到音节模块首 C 位置，词根第二个音素 a 投射到音节模块 V 位置，词根第三个音素 s 投射到音节模块尾 C 位置，音节模块已没有位置供词根最后一个音素 a 投射，所以这一音素被删除，最终在动词进行时中重复的是 bas 部分；第二个词的词根是 adal，该词根首音素 a 前不存在可以投射到音节模块 CGVC 中 C、G 位置的音素，所以 a 将直接投射到音节模块 V 位置，于是词根第二音素投射到音节模块尾的 C 位置，词根中其他成分将被删除，所以动词进行时重复的成分是 ad；第三个词根 dait 向音节模块投射时，音素 i 因无法投射而被删除，最终重复成分为 dat；第四个词根 takder 向音节模块投射时，与词根 basa 相似，最终只能重复 tak 于进行时中；第五个词根 trabaho 同样向音节模块 CGVC 投射，音素 t、r、a、b 分别对应模块 C、G、V、C，所以最终重复的成分是 trab。

（20）Ilokano 动词进行时投射

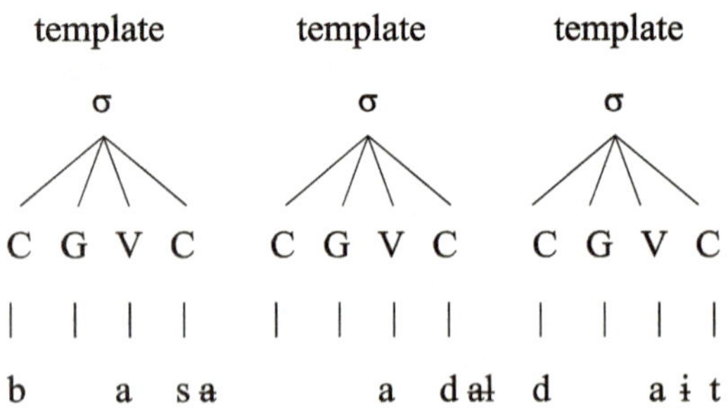

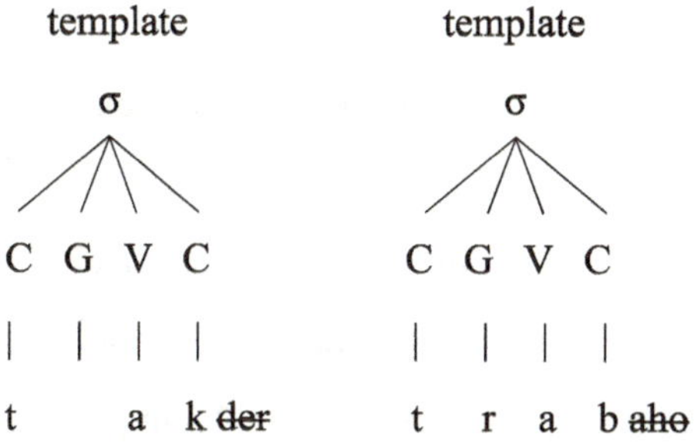

以上“模板作为词干”的韵律词和“模板作为词缀”的韵律词操作表明，模板投射的韵律构词操作，关键是要确定两个参数的值：一是投射的方向，二是投射的模板。

关于投射的方向，或者是左起，或者是右起：从根词的左侧第一个音素向右投射到模板中，右侧不能投射到模板中的成分将被删除；或者从根词右侧第一个音素向左投射到模板中，左侧不能投射到模板中的成分将被删除。

至于模板，一定是以韵律层级中的音步单位来定义的，当模板映射成构词单位时，这个单位就是韵律词——这是韵律构词理论的核心内容之一。换言之，模板是纯韵律的单位，韵律词是interface的结果。

第五节　韵律确定词法作用域

韵律确定词法作用域是指某些词汇操作以韵律因素为作用条件，比如例（21）中，Ulwa语的所有格中缀位置是以韵律条件定义的：加在词根第一个重音节“sú:”后。

（21）Ulwa Possessive

sú:lu	‘dog’	sú:-kina-lu	‘our (excl.) dog’
		sú:-ki-lu	‘my dog’
		sú:-ni-lu	‘our (incl.) dog’
		sú:-ma-lu	‘thy dog’
		sú:-mana-lu	‘your dog’
		sú:-ka-lu	‘his/her dog’
		sú:-kana-lu	‘their dog’

例（22）中 Samoan 语的重叠范围也是以韵律条件确定的：以词根从右向左数的第一个音步为基础，重叠这一音步中的第一个轻音节 CV，便是重叠构成 Samoan 语复数的规律。详细分析如下。

（22）Samoan Plural Reduplication

táa	tataa	‘strike’
nófo	nonofo	‘sit’
alófa	alolofa	‘love’
ʔalága	ʔalalaga	‘shout’
fanáu	fananau	‘be born, give birth’
manáʔo	mananaʔo	‘desire’

Samoan 语中的音步由双韵素构成，所以词根的最后一个音步分别为 táa、nófo、lófa、lága、náu、náʔo。其中 táa、náu 是单音节包含两个韵素，满足音步双分枝原则，直接构成一个音步；nófo、lófa、lága、náʔo 则是双音节，每个音节包含一个韵素，两个音节构成一个音步，满足音步双分枝原则。具体分析见（23）。

（23）Samoan 语重叠的具体分析

词根	最后一个音步		音步的首个轻音节	最终结果
táa	tá	a	ta	ta-taa
nófo	nó	fo	no	no-nofo
alófa	ló	fa	lo	a-lo-lofa
ʔalága	lá	ga	la	ʔa-la-laga
fanáu	ná	u	na	fa-na-nau
manáʔo	ná	ʔo	na	ma-na-naʔo

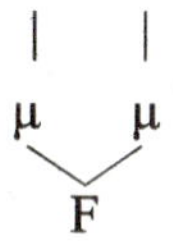

下面的例（24）即前文中的例（4），也是韵律确定词法作用域的体现。（24）所示语言中，构成复数和小称的词法运作作用域是词根的第一个最小双韵素形式（即单数形式中加粗部分，如 ħuk、ʕina 等），其构词规律是将作用域内的双韵素音步变形为抑扬格音步（即复数和小称形式中加粗的部分，如 ħakaa、ħukay、ʕanaa、ʕunay 等）。具体分析见（25）。

（24）Arabic Productive Plural & Diminutive

Sg.	Pl.	Dim.	Gloss
ħukm	/**ħakaa**m/	**ħukay**m	‘judgment’
ʕinab	/**ʕanaa**b/	**ʕunay**b	‘grape’
jaziir+at	**jazaa**ʔir	**juzay**yir	‘island’
šaaγil	**šawaa**γil	**šuway**γil	‘engrossing’
jaamuus	**jawaa**miis	**juway**miis	‘buffalo’

jundub	**janaa**dib	**junay**dib	‘locust’
sultaan	**salaa**tiin	**sulay**tiin	‘sultan’

（25）a. Arabic 复数形式生成的具体分析

双韵素音步		抑扬格形式		

μ	μ	μ	μ	μ
ħ u	**k** m	/**ħ a**	**k a**	**a** m/
ʕ I	**n a** b	/**ʕ a**	**n a**	**a** b/
j a	**z I** ir+at	**j a**	**z a**	**a** ʔir
š a	**a** γil	**š a**	**w a**	**a** γil
j a	**a** muus	**j a**	**w a**	**a** miis
j u	**n** dub	**j a**	**n a**	**a** dib
s u	**l** taan	**s a**	**l a**	**a** tiin

b. Arabic 小称形式生成的具体分析

双韵素音步		抑扬格形式		

μ	μ	μ	μ	μ
ħ u	**k** m	/**ħ a**	**k a**	**y** m/
ʕ I	**n a** b	/**ʕ a**	**n a**	**y** b/
j a	**z I** ir+at	**j a**	**z a**	**y** ʔir
š a	**a** γil	**š a**	**w a**	**y** γil
j a	**a** muus	**j a**	**w a**	**y** miis
j u	**n** dub	**j a**	**n a**	**y** dib
s u	**l** taan	**s a**	**l a**	**y** tiin

通过本章的介绍可以发现，在不同的语言中，韵律层级对词汇生成形式操作的影响，并不相同。有的影响体现在韵素音步这一级单位上，有的影响反映在音节音步这一级单位上。那么，汉语中影响词汇生成的韵律层级是什么呢？

思考与练习

1. 音步与韵律词是什么关系？

2. 什么是韵律模板？韵律模板和韵律词是什么关系？

3. 如果双韵素构成一个音步，以下各组合分别构成几个音步？

nai　　kana　　ta　　tan　　apoki

2

第二章

汉语韵律构词

第一节　韵律词模板

这一章重点讨论韵律构词理论对汉语普通话词汇形式影响的体现。参考冯胜利（1998、2000、2014）的研究，我们认为汉语词法同样必须满足模板的要求来生产韵律词，所以我们的分析将从汉语韵律词开始。

前文中曾说明，韵律词是韵律层级中的一级单位，由音步模板构成，见（1）所示。韵律词是从韵律学的角度规定的“词”，不同于我们熟悉的从句法角度定义的“词”，韵律词是韵律音系与构词法“相遇”界面的产物。

（1）韵律层级

韵律词（PrWd）
　｜
音步　（F）
　｜
音节　（σ）
　｜
韵素　（μ）

（1）所示的韵律层级包括了韵律构词学所涉及的各级韵律单位。就汉语而言，层级最底层的同样是“韵素”，韵素组成“音节”，音节组成“音步”，最后音步实现“韵律词”。这就是说，

“韵素”“音节”“音步”三层之间是“组成”关系，而“音步”跟“韵律词”之间是“实现”关系，韵律词不能跨过音步直接跟音节发生关系，它必须建立在音步的基础上。而且，由于层级关系中上级一定包含下级，韵律词必须至少是一个音步。

至于汉语的音步，受二分枝原则的要求，必须至少由两个音节构成。音步“二分枝”的要求，其实就是韵律节奏中“轻重抑扬”的反映。没有“轻重”就没有节奏，没有节奏就无所谓韵律。音步所代表的正是语言节律中最基本的角色，它是最小的一个“轻重”片段，就当然是一个“二分”体。我们知道，“轻”跟“重”是相互依存、缺一不可的，如果音步不是“二分”，就不足以表“轻重”。音步必须二分，那么在韵律层级系统中它就必须由两个下属成分（音节）组成，由二分枝组成的音步在语言的各类型使用系统（口语、书面语以至诗歌等）中都是典型的轻重组合单位。

汉语中，如果音步必须由两个音节组成，那么韵律词也必然至少包含两个音节，小于一个音步的单位不足以构成韵律词。如果不是韵律词，它的使用就要受到这样或者那样的限制，亦即不自由。音步确定韵律词，不同的语言可能因音步的不同而有不同的韵律词。韵律词的“最小极限”是由该语言的音步决定的。因此研究韵律词，首先要研究音步。

我们首先来研究汉语的音步。一般认为，汉语最基本的音步是两个音节。就是说，尽管单音节音步跟三音节音步也存在，但双音节音步是最常见的。冯胜利（1998）通过对各种音节长度的并列结构或音译词的分析清晰地证明了这一点。比如（2）中各例，正确的读法只能是（2a），而不能读成（2b）或其他形式。双音节形式被称为汉语的“自然音步”。

（2）a. 阿尔/巴尼亚　　加利/福尼亚　　布尔/什维克
金银/铜铁锡　　金木/水火土　　天地/君亲师
捷克/斯洛/伐克　布宜/诺斯/艾利斯
柴米/油盐/酱醋茶
b. 阿/尔巴尼亚　　加利/福尼/亚　　布/尔什/维克
金银铜/铁锡　　金木/水火/土　　天/地君/亲师
捷克斯/洛伐克　　布宜/诺斯艾/利斯
柴米油/盐酱/醋茶

关于自然音步，这里不作更详细的说明。目前，学界已经达成共识：把双音节音步作为汉语最小的、最基本的“标准音步”，把其他音步形式看作标准音步的“变体”；单音步是“蜕化音步”(degenerate foot)；三音节音步是“超音步”(superfoot)。“蜕化音步”跟“超音步”的出现都是有条件的。“标准音步”“超音步”“蜕化音步”之间的不同在于：在一般情况下，标准音步有绝对优先的实现权，因为它是最基本、最一般的。超音步的实现条件是：在一个语串中，当标准音步的运作完成以后，如果还有剩余的单音节成分，那么这个/些单音节成分就要贴附在一个相邻的双音节音步上，构成三音节超音步。“蜕化音步”一般只能出现在以单音节词为“独立语段”(independent intonational group)的环境中，这时它可以通过“停顿”或“拉长该音节的元音”等手段来达到实现为一个音步的要求。

另外，音步是汉语语流的最小片段，这一点可以在一问一答中得到判定。（冯胜利，2013）比如用汉语问人："你多大了？"如果回答"5"，不好；回答"5岁"就很好。但回答"5岁"比回答"5"好的原因并不是因为"岁"表达了什么意义，或者"岁"承担着某种语法功能，因为回答"15"也同样很好，所以回答"5"不好的根本原因是汉语中一个音节通常不能单说，一定要两个音节（"15"是两个音节"十"和"五"，"5岁"也是两个音节）才好。所以汉语语流中的最小片段是由两个音节组成的音步。

汉语中单音节有时也可以单说，比如：

（3）a. A：你要什么？　　b. A：回家吗？
B：花。　　B：回。

以上对话中的"花"和"回"都是单音节，都可以单用。其中的原因较为复杂，简单来说是因为这些单音节事实上都被拉长到了双音节的长度（compensatory lengthening），所以才可以单说。

如果我们承认双音节音步是汉语的标准音步，单音节音步和三音节音步都是特定条件下才允许的音步，那么根据韵律构词法的理论，汉语的"标准韵律词"只能是两个音节。单音节词不足一个音步（通过停顿或拉长元音形成的"蜕化音步"受严格的语境限制，只是临时的），不合韵律词的标准，不能构成韵律词。三音节的组合大于标准音步，也不是"标准韵律词"。当然三个音节可以构成一个"超音步"。"超音步"也可以实现为韵律词，我们称为“超韵律词”。“超韵律词”不仅是有条件的，而且是再生的：它是一个标准韵律词加一个单音词（或语素）的产物。根据这种分析，韵律词至少要有两个音节，同时也不可能出现比超音步更大的韵律词。因此大于三音节的组合，譬如四音节形式，必然是两个音步（是两个标准韵律词）的组合；大于四音节的组合则是多个标准韵律词（或超韵律词）的组合。

综合以上的分析，汉语韵律词因音步不同而分为标准韵律词和超韵律词。音步实现韵律词，韵律词由音步决定。有些不足一个音步的单音节词或者单音节语素要成为韵律词，就得再加上一个音节。变单为双的现象在汉语里比比皆是，其方式和功能也各式各样。有些多音节的词或词组往往紧缩成一个音步，从而实现为韵律词。

下面我们将说明，韵律词模板对汉语构词有着重要的影响，是汉语韵律构词的核心。汉语韵律词模板规则的具体内容可以概括为（4）。

（4）汉语韵律词模板规则

a. 双音节是汉语韵律的目标模板，韵律词是双音模板在词汇中投射的最佳结果；

b. 不能完全投射的词汇形式，必须拉长或缩短以满足模板要求；

c. 标准韵律词模板优于超韵律词模板，通常超韵律词模板是不得已的选择；

d. 除缩略操作外，汉语由左至右向韵律词模板投射。

规则（4d）提到汉语缩略操作的韵律词模板投射方式比较特别，我们将在后文中专门论述，此处暂不讨论。除去缩略操作之后，规则（4）可以形式化表示为（5）。其中“X [σ……]”表示至少一个音节的原始形式；“→”指由左至右向韵律词模板投射；“Y [σ σ(σ)]”指韵律词模板包含两个音节，只有在两个音节无法准确表达意义时，才可能出现包含三个音节的韵律词模板；“*Y”表示相对应的形式——不足韵律词模板的单音节或超过韵律词模板的多音节都不正确。

（5）汉语复合词词汇形式

韵律词

X [σ……] → Y [σ σ(σ)]

X [σ……] → *Y [σ]

X [σ……] → *Y [σ σ σ……]

例（6）所示的现代汉语中双音节成分不能再加“子”“头”等后缀的现象便是汉语韵律词模板作用的反映。（6a）都是双音节形式，满足标准韵律词模板的要求，所以都是合法的汉语词汇形式；（6b）中各例都是三音节，不满足韵律词模板要求，所以都不是合法的汉语词汇形式。

（6）a. 凳子 / 板凳　　b. * 板凳子

梳子 / 木梳　　* 木梳子

疯子　　* 疯癫子

车子 / 汽车　　* 汽车子

票子 / 钞票　　　　* 钞票子

看头　　　　　　　* 观赏头

甜头　　　　　　　* 高兴头

例（6a）（6b）的形式化分析见（6'）。最左列的根词形式，只能生成如（6'a）所示的双音节复合词，不能生成如（6'b）所示的三音节复合形式。

（6'）　　a. 标准韵律词模板　　b. 标准韵律词模板

		PrWd		PrWd		
		|		|		
		F		F		
		σ	σ	σ	σ	
凳	→	凳	子	* 板	凳	子
凳	→	板	凳			
梳	→	梳	子	* 木	梳	子
梳	→	木	梳			
疯	→	疯	子	* 疯	癫	子
车	→	车	子	* 汽	车	子
车	→	汽	车			
票	→	票	子	* 钞	票	子
票	→	钞	票			
看	→	看	头	* 观	赏	头
甜	→	甜	头	* 高	兴	头

韵律词模板决定汉语复合词形式的现象远不止（6）所示这一种情况，还包括其他多种类型的双音节复合词、多音节含动复合词、缩略词等现象，甚至汉语词汇历时演变中的很多现象也是韵律词模板作用的结果。下面我们分节详细说明。

第二节　双音节复合词

一、复合词首先是韵律词

韵律词模板对塑造现代汉语双音复合词的词汇面貌起了至关重要的作用，这种作用表现在多个方面（冯胜利，1996、2001a、2001b），下面我们将逐步说明。

冯胜利（2000）提出“汉语的复合词必须首先是一个韵律词”，这一观点首次将韵律词分析为汉语韵律构词的模板，为复合词研究带来了全新的研究视角和研究领域。

汉语里绝大多数的音节都有独立的意义，换言之，一个音节就是一个语素（或词）。而绝大多数的单音语素都可以作为“根语素”来使用（亦即可以通过句法关系与其他根语素组合）。我们可以设想，如果韵律词由两个音节组成，而每一个音节都是一个相对独立的语素，那么音节的组合就等于语素的组合。因此韵律词的实现就不可避免地伴随语素的组合，就是说韵律词的实现跟复合词的实现实际是“合二为一”的。

简单复合词（一个语素加一个语素）的实现必然可以满足韵律词的要求，另一方面，韵律词框架（一个音节加一个音节）为复合词的出现提供了必要条件。当然，不可能每两个音节加起来的组合都是一个复合词，但是汉语里这种组合（音节 + 音节）跟复合词（语素 + 语素）的对应关系极其普遍和自然。我们知道，语素加语素是构词范畴里的现象；音节加音节是韵律范畴里的运作。汉语“单音语素”这一特点，亦即“语素—音节”的对应性（冯胜利，2009），使得韵律与复合词这两种不同层面上的运作可以同时在一个形式上得到实现，只是二者形式虽同，性质不一：一是韵律词，一是复合词。

从语素组合的双重性质这一点来说，两个单音语素组合的结果既是韵律词又是复合词。如果从韵律词跟复合词的相互作用上看，二者的关系并不是绝对平等的。就是说韵律词跟复合词之间存在着主次、从属的关系。这种关系简而言之就是：韵律词不必是复合词，但是原始复合词必须是一个韵律词。这里所说的“原始复合词”指的是最基本、最简单的复合词，譬如“电视台”“中央”等。较复杂的组合如“中央电视台”是复合词的再度组合，不在我们的讨论范围之内。我们所要强调的是：“不合乎韵律词要求的组合，不能构成原始复合词。”

韵律怎样控制复合词的产生？冯胜利（2000）认为“音步”是其中的关键。因为复合词必须首先是一个韵律词，而韵律词又是由音步来决定的，那么解决韵律控制复合词问题的关键就在于音步。音步是怎样控制复合词的呢？回答这个问题以前，首先明确以下两点，这两点都是传统语言学家直接或间接提出的。这些结论在语言形式分析上可以获得解释。

（7）a. 汉语的复合词内部各成分之间的关系是通过句法结构来实现的；

b. 汉语的音步主要在短语结构中实现。

首先，根据（7a）我们可以将复合词的内部句法关系转化为（8）所示的树形结构来表达。

（8）

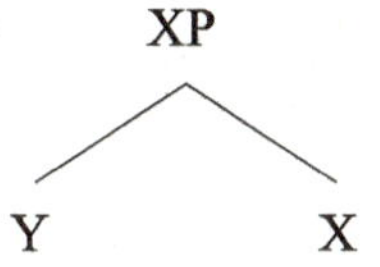

“X”表示中心词，比如动宾结构、动补结构中的动词，主谓结构中的谓语，还有定语的中心语，等等。“Y”表示非中心词，如动宾结构中的宾语，动补结构中的补语，还有主语、定语、状语，等等。（（8）对“Y”跟“X”的次序没有限定）

根据（7b），如果音步可以在短语中实现，那么音步的实现也可以通过上面的树形结构来表达，具体请见（9）。“[”代表音步的左边界，“]”代表音步的右边界。

（9）

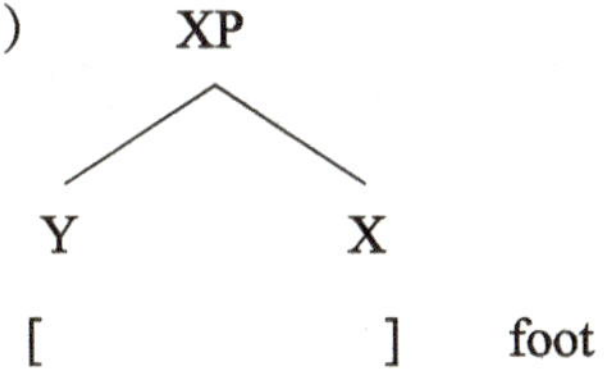

如果音步可以在短语结构上实现，同时如果实现一个音步就意味着产生一个韵律词，那么只要这个短语树形结构上的成分有能力满足音步的需要，这些短语便可以被分析为韵律词。韵律词

的产生与成分之间的组合是短语还是词无关。

（9）中"Y"跟"X"的组合可能不是有意为满足韵律需要或构词需要而组成的短语，如"我们明年再见"中的"再见"。但是如果它们符合音步的要求，韵律系统将立即把这些短语分析成韵律词。"Y"跟"X"的组合也可能一开始就是根据句法的规则和音步的需要，有意把有限的几个语素或者词填入这个树形结构中，使之满足一个音步。那么音步就等于给造词者提供了一个韵律"模式"，使产品一开始就符合韵律词的要求。无论是哪一种情况，音步都起着规定 [Y X] 韵律性质的积极作用，因而根据（9）生成的结果都首先获得韵律词的资格。这就是说，无论什么样的短语，只要它是一个"有音形式"，韵律系统便首先以音步为单位把它切分成不同（层次）的音步组合体，然后根据韵律构词法的要求（韵律层级系统及音步实现法）赋予其中符合（9）的片段以"韵律词"的性质。由此可以看出，复合词是在韵律词的基础上实现的，也可以说复合词是韵律词的"副产品"。因此探讨复合词怎样受韵律的控制，就等于探讨韵律词怎样在树形结构中生成。

冯胜利（2013）将韵律词的构成概括为（10）这种简单的运作过程。

（10）音步实现法：

在一个有音形式的句法树上，从最右边的音节起向左数，直到一个音步的音节数量得到满足为止。

如果该树形结构里的成分符合音步的要求，那么它就能构成一个韵律词，因而有可能（不是必然）造成一个复合词。如果该树形结构里的各成分违反音步的要求，那么它们就不能构成一个韵律词，因而不可能造成复合词。其具体步骤分述于下。

我们仍以上面的树形结构为例。假设在这个树形结构里只有“X”跟“Y”两个节点（谁是中心词没关系，因为音步实现的方式是校齐，中心词在左还是在右，与音步的实现无关），如果每个节点都含有一个单音节语素（我们用“σ”表示音节）：

（11）

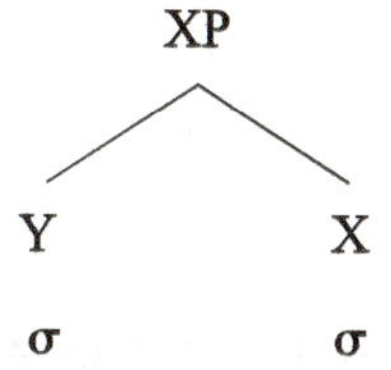

按照校齐的要求实现音步，我们首先有：

（12）

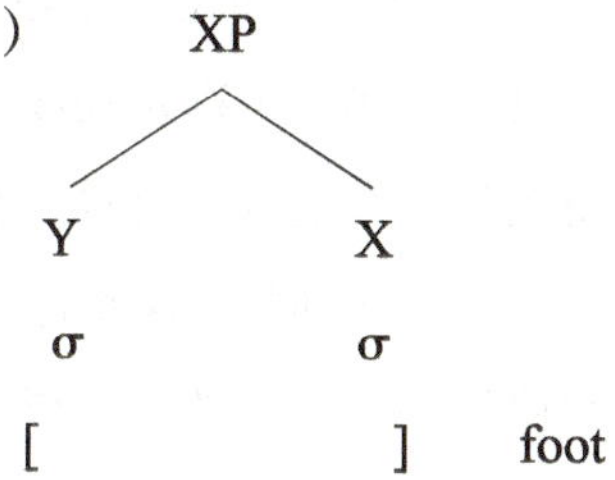

因为“X”节点上只有一个音节，而一个音节不能满足音步最少要有两个音节的要求，所以“X”节点不能单独构成一个音步。“X”节点不成音步，因而也不是韵律词，当然更不是复合词。为实现音步，音步的左界“[”必须建立在“Y”节点下。由于“Y”节点下只有一个音节，所以“Y”跟“X”一起构成一个基本音步。我们知道：一个音步就是一个韵律词，所以“X”跟“Y”构成一个标准韵律词。又因为复合词是以韵律词为基础发展而来，所以该树形中的“Y—X”也为复合词提供了最佳结构方式。双音复合词在汉语里占绝对优势，因为它们是韵律词的“副产品”，而由双音音步构成的韵律词最标准，因而也最普遍。例如：

（13）动宾：垫肩、聊天
动补：改善、改良
主谓：地震、耳软
偏正：大学、铁路
联合：改变、衣食

根据这种分析，我们还可以解释为什么两个单音节成分组合的短语经常发生固化以至词化的现象。譬如朱德熙先生曾指出“白纸”“凉水”“热酒”等偏正组合都有单词化的趋势。还有我们熟知的动宾组合，如“吃饭”“念书”等，也都是程度不同的固化形式。这些形式，有的人说是短语，有的人说是词。在韵律构词系统里，它们都是固化的“短语—韵律词”。这些形式之所以有固化、词化的趋势，是因为韵律词要求其中的两个成分必须同时出现。同时出现的次数多了，便成了熟语。熟用久了就导致凝固，凝固的结果就是词化。可见韵律为它们的固化提供了物质条件——使二者被紧紧地套在音步（韵律词）这个模型里，中间不能有停顿，而反复地使用又为它们的固化创造了现实基础。这就是双音短语固化（idiomatization）以至词化（lexicalization）的来源。

冯胜利（2000、2013）关于韵律词与复合词关系的观点可以简单概括为（14）中的序列：

（14）X　→　韵律词　→　合法复合词

按照这一序列，三音节成分不可能构成复合词。如（15）的组合中，“A”节点是一个单音节，“B”节点是一个双音节成分，亦即“单—双”（[1+2]）式结构，那会怎么样呢？

（15）

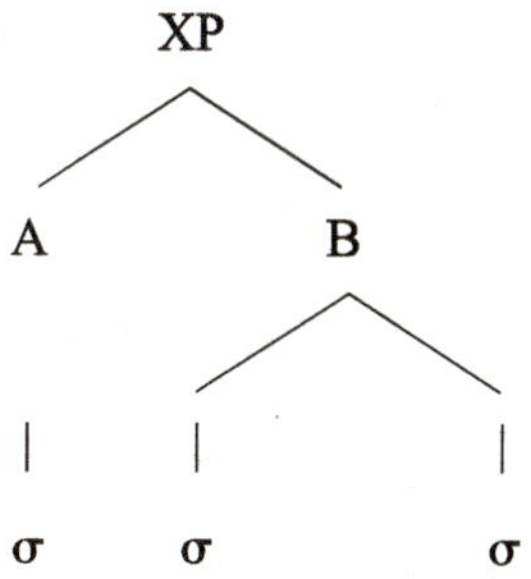

按照“校齐”的要求和双音步绝对优先的原则，这个树形不可能造出三音节韵律词。道理很简单，如果标准音步得到满足，其他的可能就都不予考虑了。当最佳条件满足后，该系统不可能抛弃最佳结果（标准音步）而去实现特例（超音步）。因此这个音步的左界必须跟“X”下的左边音节对齐。亦即：

（16）

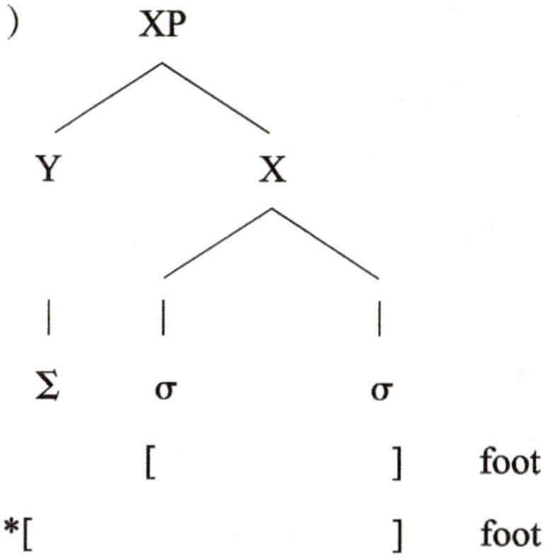

这就是说“X”节点下的两个音节自成音步，可以独立构成韵律词（或者复合词），而三音节韵律词不能在这种结构中产生，因而三音节复合词也不合法（如例（17）（18））。这一分析，理所当然地可以解释为什么单—双式动宾和动补结构的组合很难“成词”。

（17）*[设[办法]]　　　　*[垫[肩膀]]

*[缩[微小]]　　　　*[放[宽松]]

同时也可以解释为什么单—双式主谓结构也很难成词。如：

（18）*[地[震动]]　　　　*[头[疼痛]]

*[耳[软弱]]　　　　*[嘴[强硬]]

（14）与我们前文中关于汉语韵律词模板的规则一致，可以说冯胜利（2000）是最早的汉语复合词韵律模板的研究。我们相信，韵律模板能够解释与汉语双音节复合词相关的很多现象，下面我们一一罗列说明。

二、标准韵律词模板决定双音节复合词形式

与汉语双音节复合词相关的现象很多，但产生这些现象的核心原因都可以归结于标准韵律词模板的决定作用。要说明一点，以下很多解释的核心内容并未越出冯胜利（2000、2013）的研究，不过这一小节将尽可能全面地讨论汉语复合词构成与标准韵律词模板决定作用有关的各种现象。

首先，为什么汉语中存在大量“主谓”“述宾”式复合词，但却没有“主谓宾”式复合词？又为什么汉语“主谓”式复合词中

的“谓”都是非及物动词或形容词？

汉语中存在大量按主谓结构构成的复合词，譬如“年轻”“地震”等；也存在大量按动宾关系组合的复合词，譬如“垫肩”“操心”等。可是汉语的复合词很少有或几乎没有按“主谓宾”结构来组合的。是什么造成这种缺乏“主谓宾”复合式的现象？构词法必须作出解释。但仅仅从复合词成分之间的句法关系上很难解释为什么“主谓”“动宾”“偏正”“动补”以及“联合”等形式都是允许的构词格式，只有“主谓宾”关系不正确。也就是说，很难解释为什么主谓、述宾两种格式都可以构成合法复合词，但却不能递归产生合法的主谓宾式复合词。借助韵律构词学，这个问题就非常容易解释。因为“主谓宾”结构有三个成分，当然至少是三个音节，这大于韵律词模板的音节数限制，所以很难构成一个韵律词。复合词首先必须是一个韵律词，如果某种句法格式不能产生韵律词，那么这种格式就不能产生复合词，尽管这种格式可以产生合法的短语和句子。具体分析如（19）所示。

（19）标准韵律词模板

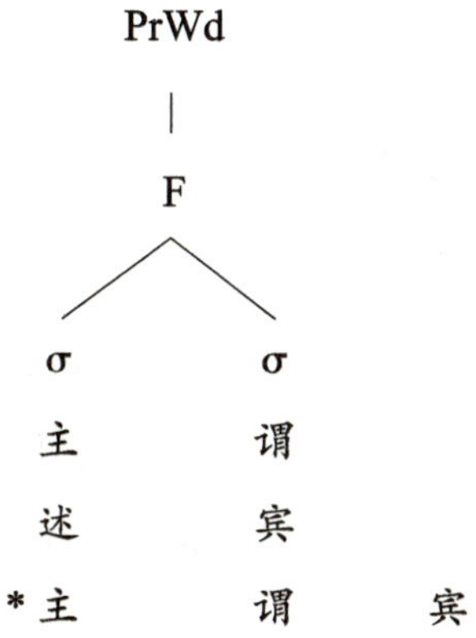

解决了第一个问题，再看第二个问题。为什么主谓结构中复合词的谓语性成分通常是形容词或者不及物动词，而不是及物动词？这一问题不借助韵律构词理论很难说清。毫无疑问，主谓式确实是汉语中一种非常能产的构词模式。因为主谓二者各含一个单音节成分，那么标准韵律词便能顺利投射，复合词生成也就毫无困难。比如：耳——软（耳软），年——轻（年轻），地——震（地震），头——疼（头疼），等等。根据这一分析，主谓结构的韵律词跟复合词多属主语加非及物动词或主语加形容词。不可能是主语加及物动词的原因似乎也很简单：带宾语的及物动词，已经达到两个音节，不可能再跟主语合成一个韵律词，而不带宾语的“主语＋及物动词”反复出现的可能性较低，凝固下来的可能性更低，发生词汇化的条件不成熟，所以“主谓式”复合词的数量极少。

其次，为什么汉语动宾或动补式复合词中的“动”成分只能是单音节？

我们知道“动宾”和“动补”式复合词在汉语中是相当能产的，下面的例子中，（20a）是动补复合词，（20b）是动宾复合词。

（20）a. 提高　站稳　压碎　改正
　　　b. 得罪　越轨　种地　缺德

现代汉语中，类似例（20）的现象极其多，可是我们却很难发现由双音节动词加上单音节宾语或补语构成的复合词，（21）中各例都不合法。这与陆志韦先生“多音动词加上宾语，一般地不会构成词”的观察一致。

（21）a. * 提拔高　　* 站立稳　　* 压挤碎　　* 修改正

b. * 获得罪　　* 超越轨　　* 耕种地　　* 缺少德

例（20）说明复合词可以按动宾或动补关系来组合，问题是究竟什么原因导致（21）中“获得罪”“超越轨”等三音复合词不合法呢？（21）与（20）中各例语法结构完全相同，都是动宾／动补的组合。对比（20）与（21），它们唯一的区别是动词性成分的音节数。于是，我们必须解释，为什么不存在 [2+1] 式动宾／动补复合词？如果不从韵律学上来观察，不承认原始复合词必须首先是韵律词，不借助韵律构词理论，是很难说明问题的。具体分析见（22），当动宾或动补式中动词为双音节时，组合整体无法投射为一个标准韵律词模板，不能构成韵律词，所以双音节动词构成动宾、动补都不可能是正确的复合词。

（22）a. 标准韵律词模板　　　　b. 标准韵律词模板

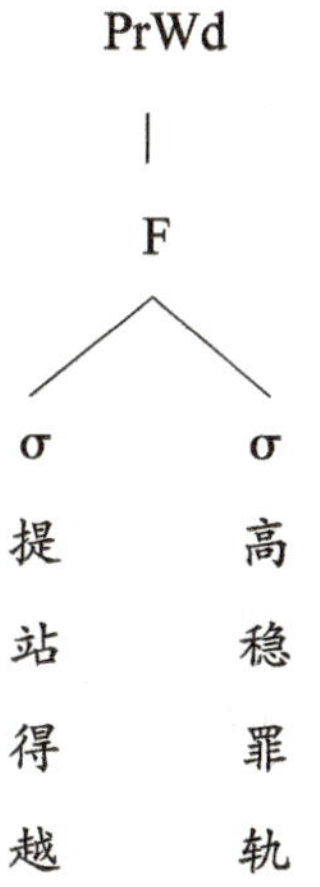

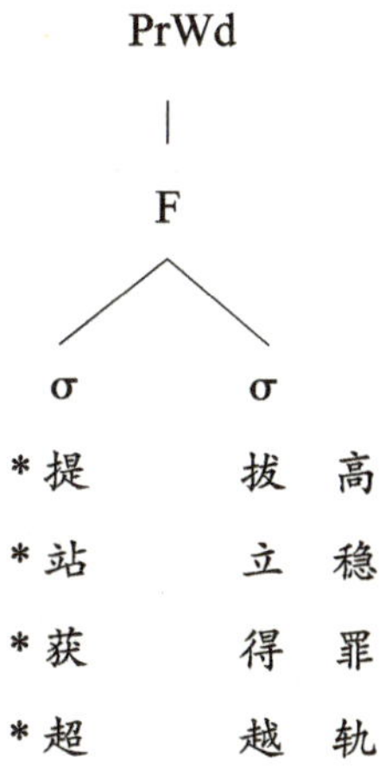

第三，不单动宾、动补复合词中，“动”成分只能是单音节，“宾”或“补”成分也只能是单音节，这又是为什么？

汉语里没有单音动词加上双音宾语或补语的复合词。比如（23）。

（23）a. 垫肩　*垫肩膀　　仗义　*仗义气

设法　*设方法

b. 放松　*放宽松　　扩大　*扩广大

缩小　*缩微小

例（23a）（23b）中各自合法与不合法语料的对比说明，单音动词带双音节宾语或补语构成的动宾 / 动补式复合词都不合法，这也必须从韵律上找原因。理由很简单，汉语没有三音节韵律词。而复合词必须满足韵律词模板规则的限制，这类复合词不合法完全是韵律词模板规则作用的结果。韵律词模板使我们避免了“述其然而不知其所以然”的窘境。对（23）的分析，详见（24）。

（24）a. 标准韵律词模板　　b. 标准韵律词模板

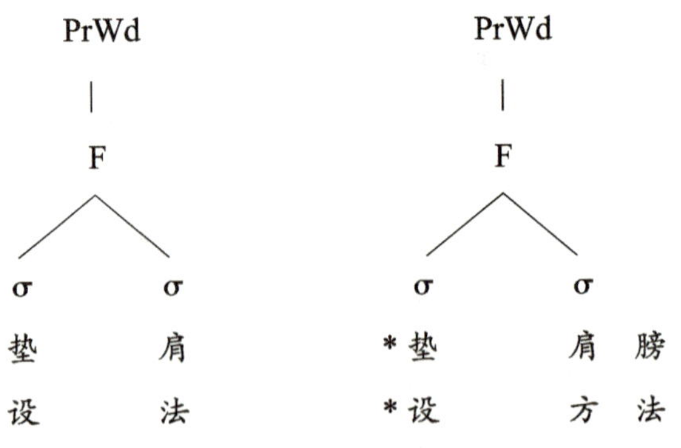

放	松	*放	宽松
扩	大	*扩	广大

第四，很多汉语并列式复合词中两成分意义相同或相近，换句话说，这两个成分并列构成复合词在语义表达方面的贡献并不明显，那么并列的动机是什么呢？

意义相近的语素构成并列式是汉语造词广泛应用的格式，其中两字同义不乏其例，比如“身体”，“身”就是“体”，“体”就是“身”，两字组合“身体”与“身”或“体”意义几乎无差别，更多示例见（25）。

（25）皮肤　牙齿　背脊　年龄　衣服　树木　房屋
田地　墙壁　状况　姿态　遗漏　驱逐　叙述
询问　购买　委托　健康　美丽　亲密　柔软
伟大　艰难　坚固　急促　全都　刚才　眼睛
肩膀　窗户　书籍　灯火　云彩　雾气　国家
事情　位置　占有　据有　拥有　缝制　印制
干净　热闹　容易　仔细　打扫　结实　调制

并列意义相近语素构成复合词同样可以在韵律构词框架内得到解释，具体分析见（26）。单音节形式“皮、牙”投射结果小于一个标准韵律词（如（26a）所示），所以需要再补充一个单音节语素，为了确保所补充的单音节语素不影响原来的词义，找一个意义相近的语素与之并列便成了最佳选择，于是得到双音节形式的“皮肤、牙齿”（如（26b）所示）等。

（26）a. 标准韵律词模板　　　　b. 标准韵律词模板

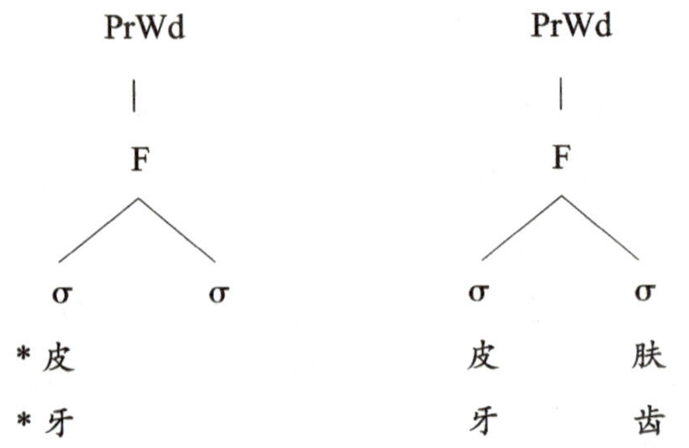

第五，汉语中部分偏正式复合词中修饰性成分语义冗余，本不必出现，这类复合词出现的原因是什么呢？

偏正式复合词修饰性语义成分冗余的示例如（27）。其中各“单—双”对儿中，双音词跟单音词没有什么意义上的区别：盐当然是咸的，井就是用来提水的，雪就是白的，龟本就是乌的。可见“咸、水、白、乌”都是冗余的，本不必如此构词。这种语义多余的双音复合词也是应韵律词的需要而产生的，大都属于“有意而造”的韵律词之列。这类复合词的生成与第五类“意义相近语素构成的并列式”复合词非常相似，此处不再赘述对其的韵律词模板分析。

（27）盐 → 咸盐　　　　井 → 水井

雪 → 白雪　　　　龟 → 乌龟

最后，还有几个相关问题。汉语中一些复合词类型虽然严格来说并不完全归属于双音节复合词范畴，但生成它们的韵律构词机制与前文对主谓、动宾、动补、并列、偏正等类型的双音节复合词相似，所以一并在这一节中说明。

首先是由前加字、后加字构成的复合词。在前面加字，大家最熟悉的是加“老”字。用于动物的有“老虎、老鼠、老鹰、老雕、老鸹、老鸦”等；用于人的主要是在人伦关系和行第上，如“老公、老婆、老兄、老弟、老表、老乡、老师、老大、老二”等。这里的“老”都已经失去了原有的意义，例如可以说“小老虎、小老婆”等。跟“老”相对的“小”也有同样的作用。比如“小偷、小贩”等，都没有对立的“*大偷、*大贩”，可见其中的“小”字并没有多少意义。

至于后加字，最常见的是“子、头”，比如“饺子、匣子、石头、木头”等。当然，仍表实义的“子、头”不在此列，比如“厨子、瞎子、念头、舌头、甜头”之类。

还有一些后加字，例如“鸟类、鱼类、肉类、豆类、酒类、鞋类”的“类”，“果品、药品”的“品”，“药物、谷物”的“物”，“头部、胸部”的“部”，“年度、季度”的“度”等，都不是意义上不可缺少的，都是为了补成双音节才出现的。

延长单音节形式为双音节构成的词汇，也可以归入此处所讨论的类型中。这一种又叫延长式。所谓延长是指一个音节延长而成为两个音节，即所谓的“一生二”，比如“寻”延长为“寻么”，“眨”延长为“眨么”，等等。这种现象自古就有，譬如：“孔→窟窿”“茨→蒺藜”等。这种“一生二”的变化也是韵律词模板作用的一种方式。郭绍虞先生说：“语气舒缓，可以衍声增字。”所谓“语气舒缓”就是指韵律结构要求该单音词“独自承当”一个韵律单位（音步），所以“衍声增字”便成了一种有效的手段。“衍声韵律词”也反映出它们在调节韵律结构上的作用。

在单音节词根基础上凑补一个无关紧要的词的现象，被称为“凑补式”，也属于“其他类型”。凑足音节是调节句子韵律结构的一种重要手段。例如王力先生所说的“即行裁撤”中的“行”跟“殊属不合”中的“属”均属这类。凑足音节也可以“帮助造词”。比如，“有夏”中的“有”等其实并无意义，无非是凑成双字而已。所谓“于义为缀，于音则所以足词”。凑足音节过程中，有的成分可能是随便的、临时的，那就是“临时韵律词”(如“殊属”)；有的也可能因不断使用而逐渐凝固。凝固以后就是“固化韵律词”，如“因而”。

前加式、后加式、延长式、凑补式的生成都可以归结为投射标准韵律词模板的要求，具体可图示为（28）。

（28） 标准韵律词模板

PrWd

|

F

σ σ

虎	→	老	虎
肉	→	肉	类
孔	→	窟	窿
寻	→	寻	么
夏	→	有	夏

以上诸例均说明：一个原始复合词，它首先得满足韵律词的要求。不符合韵律词的要求便不能构成复合词。接下来，我们将继续

在韵律模板框架下讨论汉语中动宾式及偏正式的1+2和2+1组合。

三、1+2和2+1组合

前文讨论中说明，复合词首先必须是一个韵律词，即复合词必须满足韵律模板规则的要求。从句法上讲，复合词由X、Y两个节点的成分构成，要满足韵律词模板要求，就只能X和Y都是单音节，否则得到的复合词便不正确。但汉语中确定存在1+2和2+1式组合，比如“耍花枪、纸飞机”和“皮鞋厂、电影票”等。在分析具体现象之前，我们先从理论上看一看三音节组合。

首先要明确一点，韵律词模板规则并不完全排斥三音节复合词，只是“标准韵律词模板优于超韵律词模板”。为了表义准确，或是受语素自身特性限制，在“不得已”的情况下，三音节的“超韵律词”模板也是一种选择。比如（29）中各例，“电影”“电视”都是双音节，就是因为单音节的“影”“视”还不是自由语素，而且表义非常模糊，因而只能形成“电影票”“电视机”等；“游击”“老虎”“音像”也不能只用单音节“击”“虎”“音”，因为“击队”“虎凳”“音店”意义太不充分，歧义可能太多，难以理解；至于“红酒杯”“皮鞋厂”等，则是表义更精细要求的结果。相较于韵律上标准的“酒杯”“鞋厂”，三音节的“红酒杯”“皮鞋厂”是更精细的下位命名，是语言表达的内在需要。

（29）[[电影]票]　　[[游击]队]
　　　[[电视]机]　　[[老虎]凳]
　　　[[音像]店]　　[[红酒]杯]
　　　[[皮鞋]厂]　　……

其次，从韵律模板投射的角度分析，1+2 组合和 2+1 组合的地位并不相同。（30）综合了词法与韵律两方面因素，根据前文汉语韵律词模板规则，汉语韵律词模板的投射方向是从左向右。（30b）节点“Y”下的单音节成分不能构成一个音步，所以音步的实现不能不包括节点“X”中的成分。可是这样得到的音步，其边界处于 X 节点下两个成分中间，于是，音步投射的结果打破了节点 X 内两个成分的完整性，所以不可能得到正确的结果。（30a）的投射不存在这一问题，可以形成超韵律词，生成正确的复合词。

（30）a.

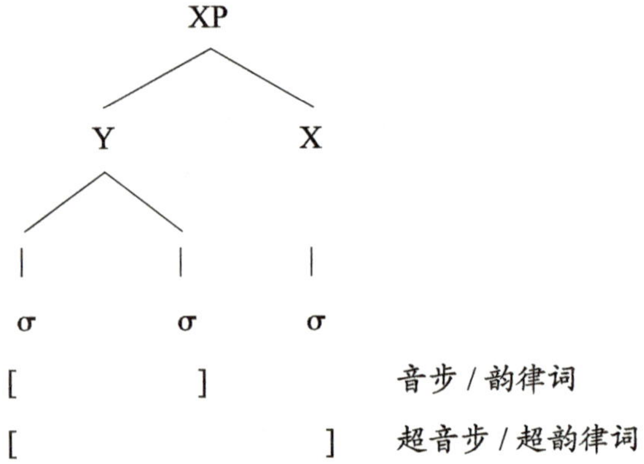

b.

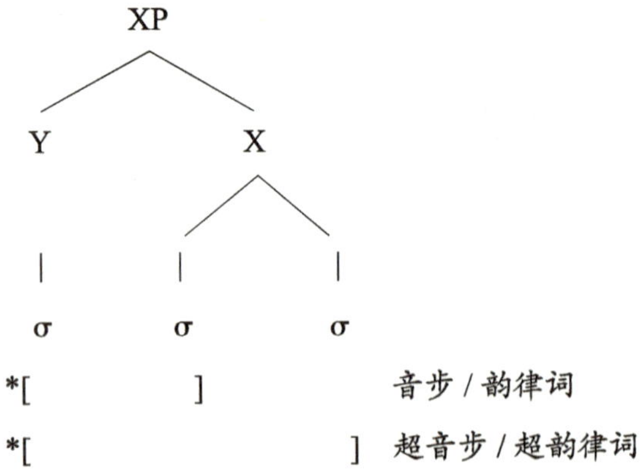

（30a）对应 2+1 组合，（30b）对应 1+2 组合。2+1 组合的韵律模板分析可以图示为（31）。

（31）a. 超韵律词模板　　　　b. 韵律词模板

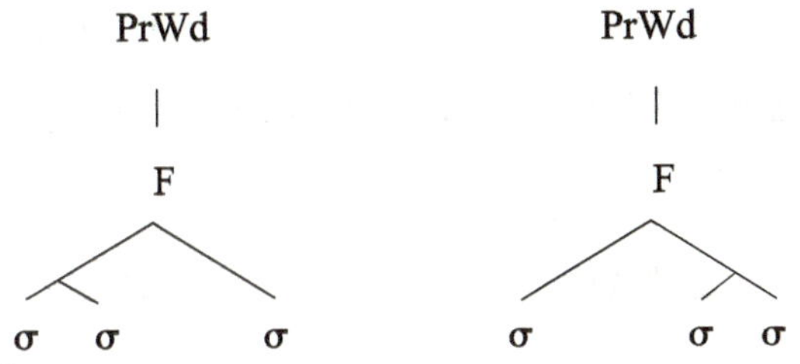

a.			b.		
皮	鞋	厂	*鞋	工	厂
煤	炭	店	*煤	商	店
电	影	院			
少	年	宫			
游	击	队			
教	育	局			

根据（30b）的预测，汉语中应该不存在 1+2 复合词。但我们发现汉语中存在如以下（32）所示的 1+2 组合，该如何分析呢？

（32）耍花枪　　　　开玩笑

说笑话　　　　洗干净

看仔细　　　　……

而且问题似乎更复杂，因为汉语中不只有（32）所示的合法 1+2 组合，还有（33）所示的现象：同样是 1+2 偏正组合，（33a）正确，（33b）不正确。

（33）a. [副 [经理]]　　[书 [呆子]]　　[纸 [飞机]]

b.*[书[商店]] *[鞋[工厂]] *[皮[工厂]]

实际上，经过仔细分析以后发现，(32)(33)并不复杂，其中正确的组合都是短语而不是复合词。如(34)所示，(32)中各例都不能再带宾语，而且都可以扩展，可以中间插入句法操作，这都是短语的表现，作为短语的(32)当然可以违反韵律词模板对复合词的要求。

(34) a. *耍花枪他　　　　*开玩笑小张
*说笑话这件事　　*洗干净那几件衣服
*看仔细黑板上的字
b. 耍了几次花枪　　开过小张的玩笑
说了一个笑话　　洗不干净
看得很仔细

同样，(33a)的合法组合也都是短语而不是复合词。冯胜利(2001)指出了以下的一组对立。(35)左右两列都是1+2组合，但只有右列正确。分析这一对立，可以明确"金商店"里的"金"因为用作名词，所以不合法；而"金项链"里的"金"因为用作非谓形容词，所以合法。同理，"纸工厂"里的"纸"由于是名词性的，所以不合法；而"纸飞机"里的"纸"因为是非谓形容词性的，所以文从字顺。看来，汉语中的单音节名词如果硬要占据"1+2"里"1"位置的话，非变性不可。换言之，如果让"纸工厂"合法的话，必须把它理解为"纸做的工厂"；如果让"金商店"合法的话，必须把它理解为"金子做的商店"。亦即非把其中第一个成分理解为非谓形容词不可，这样"纸工厂”“金商店”才能得到合法的生存权。由此看来，表面看都是名词的“纸”，在不同的语言环境里，其语法、语义的功能却大相径庭。“副经理、书呆子”等也都经历了类似的转变。

（35）* 金商店　　金项链

　　　* 纸工厂　　纸飞机

“形容词性成分 + 名词性成分”组合在汉语中完全是合法的，更多的例子如“黑皮鞋、男演员、银戒指、女演员”等。而三音节“形容词性成分 + 名词性成分”的句法表现更倾向于短语。如（36a）所示，“盘子、灯笼、汽车、盒子”前同时出现“大小”与“颜色”修饰语时，“大小”类修饰语必须出现在“颜色”类修饰语之前，这与一般的短语规则一致，所以（36a）中的“大盘子、小灯笼、大汽车、小盒子”都不是复合词；（36b）中“大小”类修饰语只能位于“颜色”类修饰语之后，不同于（36a），（36b）中“大褂、小豆、大汉、大氅”各例都是复合词。

（36）a. 大盘子　　* 白大盘子（大白盘子）

　　　　小灯笼　　* 红小灯笼（小红灯笼）

　　　　大汽车　　* 红大汽车（大红汽车）

　　　　小盒子　　* 蓝小盒子（小蓝盒子）

　　　b. 大褂　　白大褂　　小豆　　红小豆

　　　　大汉　　黑大汉　　大氅　　蓝大氅

如果（33a）中的组合不是标准的复合词，这便解释了为什么它们即使违反了韵律模板的要求，但仍然正确的原因。1+2 式复合词一般不能为汉语的韵律词所接受，其原因就是为韵律词所接受的超音步不能在这种结构中实现。如果三音节音步不能实现，三音韵律词以及三音复合词都必然被排斥在外。

以上的分析还为我们解释另一种汉语中的有趣现象提供了思路。汉语中的“复印文件”，如果把它压缩成三音节，“复印件”是词，而“印文件”就非是短语不可了。为什么 [2+1] 式可以成词，而 [1+2] 式要么不能说，要么只能是短语呢？这也是韵律模板作用的结果，合法的 1+2 形式只能是短语，否则便无法通过（30b）所示的韵律词模板投射——投射从左向右进行（冯胜利，1998；王洪君，2008），复合词的投射目标是超韵律词模板。

第三节　多音节含动复合词

一、汉语多音节含动复合词特点

本文所说的“含动复合词”是指“纸张粉碎机、碎纸机”类复合词，更多示例见（37a），这类复合词是汉语韵律构词研究的重要内容之一。

含动复合词的组成成分包括名词性成分（如“纸张、纸”）、动词性成分（如“粉碎、碎”）、核心成分（如“机”）三个部分，我们分别以 N、V、H 来表示，所以“纸张粉碎机”可表示为“N+V+H”；“碎纸机”可表示为“V+N+H”。三者中，N 又可以分为 Np 和 Na 两类，其中 Np 代表具有更多原型受事（proto-patient）特征的 N，比如“纸张粉碎机”中“纸张”具有“经历变化（undergoes change of state）”的原型受事特征；Na 代表具有更多原型施事（proto-agent）特征的 N，比如“教师休息室”

中“教师”具有“主动参与（volitional involvement in the event or state）”的原型施事特征。（参见 Dowty，1991）N、V、H 的音节数用数字表示，如 V 是双音节用 V2 表示，Np 是 4 音节用 Np4 表示，等等。于是，（37a）各例可对应表示为（37b）。

（37）a. 纸张 + 粉碎 + 机	b. Np2+V2+H1
碎 + 纸 + 机	V1+Np1+H1
三年级教师 + 休息 + 室	Na5+V2+H1
支线公共汽车 + 乘降 + 区域	Np6+V2+H2
公共餐具 + 蒸汽消毒 + 柜	Np4+V4+H1
棉麻毛纺织品 + 批发零售 + 市场	Np6+V4+H2
美国人权状况 + 调查 + 白皮书	Np6+V2+H3

如下文例（38）所示，含动复合词的生成受到韵律因素的极大影响。（38a）（38b）的成分顺序都是 Np+V+H，（38c）（38d）成分顺序都是 V+Np+H，但只有（38a）（38c）合法，（38b）（38d）各例都不合法。毫无疑问，音节数不同是导致这种对立的唯一解释。

（38）a. 纸张粉碎机	b.* 纸张碎机	c. 碎纸机	d.* 粉碎纸张机
	* 纸粉碎机		* 碎纸张机
	* 纸碎机		* 粉碎纸机

具体来说，含动复合词的类型可以概括为（39）。下列类型中并没有包括“V1+Np2+H1（抽油烟机、取护照条）”“V2+Npn（n≥2）+H1（操作计算机者、贩卖毒品罪）”类含动复合词，这是因为这类复合词的生成大不同于一般的含动复合词，具体分析

见后文。

（39）a. V1+Np1+H1/2（/3）：

卸货区、购物指南、上网密码、探月白皮书

b. Npn（n ≥ 2）+Vn（n ≥ 2）+H1/2（/3）：

家具清洗液、硬盘数据保护卡、自然环境修复网、公共餐具蒸汽消毒柜、外文图书馆际互借证、疾病预防控制站、出入境证件开票确认处、家居建材团购砍价会、社保管理机构、火车票代售系统、公共交通调度中心、棉麻毛纺织品批发市场、玻璃墙清洗维护人员、高校研究型人才教育培养办法、航天器手控对接专业支持小组

c. Na1+V1+H1/2（/3）：

干休所、车载雷达、手持电话

d. Nan（n ≥ 2）+Vn（n ≥ 2）+H1/2（/3）：

教师休息室、顾客留言簿、领导专用车辆、驾驶员操控杆、儿童免费乘车线

通过对以上四种类型的观察，汉语含动复合词的特点可简单概括为（40）：

（40）汉语含动复合词特点

音节模式 复合词类型	单＋单+H	非单＋非单+H	单＋非单+H	非单＋单+H	H 长度
Np+V+H	—	＋	—	—	≤ 3
V+Np+H	＋	—	—	—	≤ 3
Na+V+H	＋	＋	—	—	≤ 3

根据以上材料，我们看到，含动复合词表达形式的正确与否，与成分的音节数密切相关，成分的音节数直接影响成分的顺序。这说明，汉语含动复合词的生成受到了韵律因素的影响。从韵律角度讨论这类复合词生成的研究主要有“辅重”理论（Duanmu，1997）、“音步组向”理论（冯胜利，2004）和“音步相邻及自然音步限制”分析（裴雨来、邱金萍，2015）。

二、“辅重”理论

“辅重”（nonhead stress）是 Duanmu（1997）提出的处理方案，具体内容可概括如下：

（41）a. 左重：复合词重音在最左边的成分上；

b. 两拍步：两个音节组成一个音步，单音节只有在后有停顿时可独立组成音步，否则并入邻近的音步；

c. 辅重：各层结构的辅助成分重，中心成分轻，如定语重于中心语，宾语重于述语。但“辅重”在单音步内无效；

d. 多轮循环：有语法结构的复合词和短语按语法结构的层次多轮次地施用上述规则；

e. 直接成分合格：复合词的直接构成成分必须是合格的。

按照这样的规则，“* 粉碎纸张机”不成立的原因是：根据“（41c）辅重”，复合词的重音应落在中间的宾语性成分“纸张”上；根据“（41a）左重”，复合词的重音应落在最左边的“粉碎”上。所以，“辅重”和“左重”得到的重音互相冲突，这最终导致复合词不合法。而如果“纸张”前移，构成“纸张粉碎机”，无论根据“左重”还是“辅重”，重音都落在“纸张”上，不再冲突，所以复合词合法。

三、“音步组向”理论

“音步组向”理论的具体内容可以表述为（42）。（冯胜利，2004）

（42）a. [宾＋动＋名] 的组合是构词形式；

b. 构词形式一律是左起音步（→）；

c. 动宾短语的音步组向均从右起（←）；

d. [1+1] 型音节组合是无向音步。

根据（42），“* 粉碎纸张机”可分析为（43），其中 [动＋宾] 的音步组向与整体构词的音步组向相反，这种音步组向的冲突导致组合整体不合格。

（43）[[粉碎 纸张] 机]

[←动宾短语音步组向]

[构词音步组向→]

* [构词音步组向→ ←动宾短语音步组向]

四、“音步相邻及自然音步限制”分析

从前文关于含动复合词特点的概括来看，要说明韵律如何影响含动复合词的生成，一个关键的问题是找到成分的音节数与其排列顺序间的共变规律。这一节就从探索音节数与成分顺序间的共变规律入手，逐步说明韵律词对含动复合词影响的问题。

（一）N、V 音节数与其顺序的共变关系

含动复合词中，N 有 Np 和 Na 两种类型。前文（40）表明，无论 Na 与 V 的音节数各是多少，只有 Na+V+H 一种语序（如“顾客留言簿、干休所”等）；当 N 为 Np 时，语序是 N+V+H 还是 V+N+H，只与 V 和 Np 的音节数相关，而与 H 的音节数无关，即H的音节数不影响语序是N+V还是V+N。这提醒我们在分析V、N 音节数量与其语序变化之间的关系时，可以暂不考虑 H。

我们首先对有语序变化的含动复合词中除 H 以外的 Np+V 及 V+Np 两部分进行音步结构分析。分析的结果如（44）所示，其中“#”代表音步边界。

（44）a. V1+Np1+H：#碎纸#（机）、#卸货#（区）、#购物#（指南）、#上网#（密码）、#探月#（白皮书）

b. Npn（n ≥ 2）+Vn（n ≥ 2）+H：#家具##清洗#（液）、#硬盘##数据##保护#（卡）、#公共##餐具##蒸汽##消毒#（柜）、#出入境##证件##开票##确认#（处）、#家居##建材##团购##砍价#（会）、#火车票##代售#（系统）、#棉麻毛##纺织品##批发#（市场）、#玻璃墙##清洗##维护#（人员）

观察（44）可以发现，V+Np 与 Np+V 两种语序复合词的音步结构有一个共同点，就是与 H 相邻的音步一定包含 V 或者由 V（或V的一部分）实现。比如“#V1+Np1#+H”（“#碎纸# 机”）中，与 H 相邻的音步“#V1+Np1#”包含 V（“碎”）；“#Np2#+#V2#+H”（“# 纸张 ## 粉碎 # 机”）中，与 H 相邻的音步则直接由 V（“粉碎”）实现；“#Np3#+#V2# #V2#+H”（即 V 为 4 音节，如“# 玻璃

墙# #清洗# #维护# 人员”），与H相邻的音步则由V的一部分（“维护”）实现。

而且，我们发现“与H相邻的音步一定包含V或者由V（或V的一部分）实现”这一点也同样适用于Na+V类含动复合词，详见（45）。

（45）a. Na1+V1+H1/2：#干休#（所）、#车载#（雷达）、#手持#（电话）

b. Nan（n≥2）+Vn（n≥2）+H1/2:#教师# #休息#（室）、#儿童# #免费# #乘车#（线）

据此，我们发现了含动复合词中N、V音节数量与其顺序变化之间的关联。

（46）汉语含动复合词N、V音节数量与其顺序的共变规则

#…V…#+H：与H相邻的音步，必须包含V，或由V（或V的一部分）实现。

后文中，我们将规则（46）简称为“动词音步相邻”。这一规则可以很好地解释N、V语序变化与其音节数量间的关系。汉语含动复合词的底层形式为[[V+Np]+H]或[[Na+V]+H]（参见顾阳、沈阳，2001；石定栩，2003；何元建，2004、2009；何元建、王玲玲，2005；程工，2005；He，2006、2012；裴雨来、邱金萍，2016等），所以当V是单音节时，V1与Np1或Na1与V1组合所实现的音步“#V1+Np1#（如‘碎纸（机）’）”或“#Na1+V1#（如‘干休（所）’）”直接与H相邻，这已经满足“动词音步相邻”要求，所以不需任何移位，由此直接生成V1+Np1+H、

Na1+V1+H 类型的含动复合词。

而当 V 是双音节或多音节时，底层形式 [[V+Np]+H] 中，Vn（n≥2）本身实现为一个或多个音步，由于 Np 的分隔，由 V（或 V 的一部分）实现的音步不能与 H 相邻，所以 V 必须经历与英语“重型名词移位（heavy NP shift）”类似的音系层移位，移到 Np 与 H 中间，才能满足“动词音步相邻”的要求，于是生成了 Npn（n≥2）+Vn（n≥2）+H 类型的含动复合词。至于底层形式 [[Na+V]+H] 中，Vn（n≥2）所实现的音步自然地与 H 相邻，已经满足“动词音步相邻”要求，所以不需要任何移位，由此生成了 Nan（n≥2）+Vn（n≥2）+H 型含动复合词。

以上分析其实也说明了 Np1+V1+H（* 纸碎机）、V2+Np2+H（* 粉碎纸张机）两种类型复合词不存在的原因。两种类型的底层都是 [[V+Np]+H]，当 V 与 Np 都是单音节时，V1+Np1 构成音步，直接与H相邻，没有将Np1 前移的动因，所以Np1+V1+H不合法；当 V 与 Np 都是双音节时，与 H 相邻的音步不含 V，必须移位来满足“动词音步相邻”，所以没移位的 V2+Np2+H 不合法。

“动词音步相邻”可以解释“碎纸机、纸张粉碎机、干休所、教师休息室、* 纸碎机、* 粉碎纸张机”等现象，但并不能解释“* 碎纸张机、* 粉碎纸机、* 纸张碎机、* 纸粉碎机、* 童游乐园、* 教师休室”等现象。我们将进一步分析以解决这一问题。

（二）成分的音步结构限制

以上所列“* 碎纸张机、* 粉碎纸机、* 纸张碎机、* 纸粉碎机、* 童游乐园、* 教师休室”各例，共同特点是 N 或 V 之一为单音节，V 与 N 组合构成三音节音步，并与 H 相邻，满足“动词音步相邻”要求。毫无疑问，一定存在其他限制，导致这些复合词不合法。我们认为这种限制与音步结构有关。

吕叔湘（1962）早就注意到一些汉语词汇要受到音步结构限制的现象，如（47）中所列现象很明确地说明单音节、双音节、三音节三种形式中，构成标准音步的双音节占明显优势。

（47）

		标准音步			标准音步
欧阳	→	欧阳	鹤	→	仙鹤
张	→	小张	盐	→	咸盐
大兴县	→	大兴	鲤鱼	→	鲤鱼
通县	→	通县	河豚鱼	→	河豚
峨眉山	→	峨眉	落花生	→	花生
泰山	→	泰山	川贝母	→	川贝
三岁	→	三岁	豆	→	黄豆
十三岁	→	十三	清华大学	→	清华

后来，人们又发现汉语词汇中几乎不允许出现单音节残音步。比如冯胜利（1998）在讨论“自然音步”时提到，韵律结构“*# 柴米 # # 油盐 # # 酱醋 # # 茶 #”“*# 阿尔 # # 巴尼 # # 亚 #”等不合法，必须表达为“# 柴米 # # 油盐 # # 酱醋茶 #”“# 阿尔 # # 巴尼亚 #”。当然，这些例子也说明，汉语词汇的韵律结构中允许出现三音节超音步。

汉语韵律层面对标准音步的偏爱（“二”常规）早已为学界所普遍接受（参见冯胜利，1998；王洪君，2002；董秀芳，2003；初敏等，2004）。Chen（2000）也指出汉语“最小韵律单位”（minimal rhythmic units，简称 MRU，相当于音步）的生成要受到"MRU 至少两个音节（binarity）"和"MRU 最多两个音节（boundedness）"等合格性制约条件（well-formedness constraints）的评估。事实上，能最大限度满足这两项制约条件的音步即为双音节标准音步——亦即冯胜利（1998）中说的自然音步。此外，Feng（2003）定义了最小词（minimal word）的概念，文章指出"最小词是双音节形成的音步"，该文关于最小词对汉语影响的分析也从另一个侧面说明了双音节对汉语的重要影响。[①]

综合以上分析，我们认为汉语词汇成分存在如下音步结构限制规则，见（48），后文中将这一规则简称为"自然音步限制"。

（48）词汇成分的音步结构限制规则

a. #σ σ#>#σ σ σ#：双音节音步优于三音节音步

b. *#σ#：不允许单音节音步

c. *#σ σ σ σ（……）#：不允许四音节或更多音节音步

在具体分析"* 粉碎纸机"等含动复合词不合法的原因之前，我们首先要明确这些复合词形式合法与否同样与H无关。如（49）所示，无论 H 是单音节（工、区），还是双音节（工人、区域），都不影响对复合词合法与否的判断。所以，在讨论本节要解决的问题，对含动复合词进行音步结构分析时，我们同样暂不涉及中心语 H，而只分析 N 与 V 的音步结构。

（49）a.	修车工	* 修汽车工	* 修理车工
	修车工人	* 修汽车工人	* 修理车工人
b.	童游区	* 儿童游区	* 童游戏区
	童游区域	* 儿童游区域	* 童游戏区域

① 参见本系列"汉语韵律语法丛书"之洪爽《汉语的最小词》。

“自然音步限制”可以很好地解释为什么不存在N或V是单音节的含动复合词这一问题。这种类型含动复合词的音步结构只有（50a）（50b）两种情况，（50a）这种音步结构包含了单音节音步，（50b）中则都是三音节超音步。对于（50）中的各例，都存在完全由双音节标准音步构成的形式，比如“#教师##休息#（室）”“#儿童##游戏#（区）”“#碎纸#（机）”，双音节音步优于三音节音步，所以相对来说，（50）中的各种形式便不合法了。

（50）*教师休（室） *童游戏（区） *碎纸张（机） *粉碎纸（机）

a. #Na2# #V1#　　#Na1# #V2#　　#V1# #Np2#　　#V2# #Np1#

b. #Na2+V1#　　#Na1+V2#　　#V1+Np2#　　#V2+Np1#

综合以上的“动词音步相邻”和“自然音步限制”，可以解决韵律如何影响汉语含动复合词生成的问题。

至于前文中没有讨论的“抽油烟机、取护照条”类和“操作计算机者、贩卖毒品罪”类复合词，实际上都是“短语复合词”，是短语入词的结果。（Wiese，1996；Duanmu，2007：109）类似这种复合词，英语中也有很多，比如（51）所示。

（51）TV-and-VCR table

meat-and-potato eater

over-the-fence gossip

over-the-counter drug

nobody-cares attitude

take-it-or-leave-it offer

the what-do-you-call-it plan

汉语短语复合词或者数量不多，能产性不强，或者用于表达特别的意义。比如“抽油烟机、取护照条”类占复合词总量的比例非常低，而且极不能产，比如“* 削苹果刀”“* 洗餐具液”“* 填地址台”等都不正确；而“操作计算机者”类复合词虽然相对能产，比如“制造谣言者”“走私汽车罪”等，但这些复合词都表示特别的意义，正是这些特殊意义的表达，使它们可以脱离一般的含动复合词生成规则的制约。

第四节 缩略词

汉语缩略操作是韵律词模板投射的特例，投射方向可左起，也可右起，这一节我们专门说明。

毫无疑问，汉语缩略词的生成也是韵律词模板投射作用的结果，概括来说汉语缩略词的主要类型可概括为（52）中的三种。

（52）a. 清华大学→清华　　非典型性肺炎→非典
中国人民解放军→解放军　　山茶花→茶花
落花生→花生　　生地黄→生地
茅台酒→茅台　　照相机→相机
火轮船→轮船　　发展纲要→纲要
b. 高等学校→高校　　整顿作风→整风
女子足球队→女足　　北京大学→北大
北京师范大学→北师大　　政治改革→政改
外国语→外语　　机关枪→机枪
人民大学→人大　　中国科学院→中科院

计划生育办公室→计生办　　社会科学院→社科院

c. 中医和西医→中西医　　出境和入境→出入境

水费和电费→水电费　　中部和西部→中西部

老子和庄子→老庄　　炎帝和黄帝→炎黄

三种类型中，（52a）是韵律构词学中截取（truncation）操作的直接反映。从左向右或从右向左，截取原词汇形式中某一部分，并将其投射到韵律模板便得到了最终的词汇缩略形式，具体见（53）的分析。“非典、清华”是原词形式由左向右投射到标准韵律词模板的结果，“花生、茶花”是原词形式由右向左投射到标准韵律词模板的结果；解放军则是原词形式从右向左投射到超韵律词模板的结果，此时投射为标准韵律词会极大影响表义的明晰和准确，所以超韵律词成为投射模板。其他各例依此类推。

（53）汉语略缩词截取生成

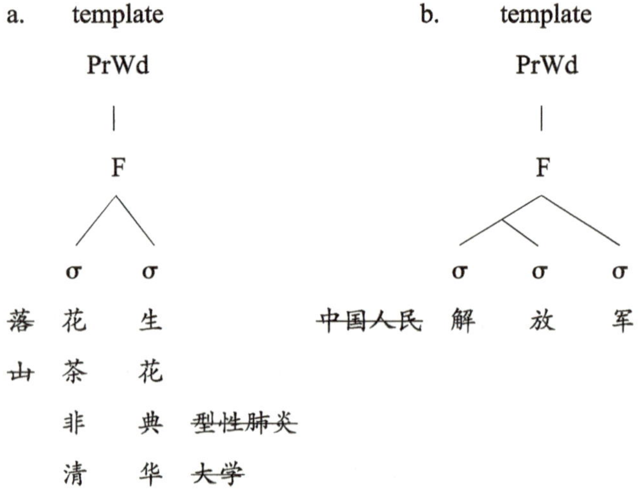

（52b）类也是韵律投射的结果，与（52a）不同的是，（52b）中各例原词形式在向韵律词模板投射时并不是截取连续的几个语素，而是选择了最能代表意义的语素，具体分析见（54）。为保证表义准确清晰，“北师大、计生办、中科院”等是原词中表义语素向超韵律词模板投射的结果，见（54a）；而“高校、外语、政改”等则是原词中表义语素向标准韵律模板投射的结果，见（54b）。

（54）表义语素投射

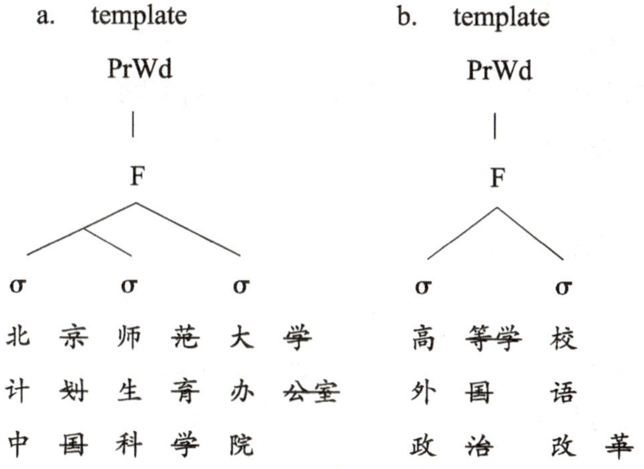

同样，（52c）类也是原词向韵律词模板投射的结果。其投射原理与（53）（54）相似，不再赘述。

韵律构词理论不但可以说明（52）中三类缩略词的生成机制，还可以解释为什么汉语的缩略词不会大于三音节这一现象，因为大于三音节就超过了韵律词模板所能承担的最大音节数。

第五节 韵律词对汉语词汇化、语法化发展的影响

上一部分是从共时角度讨论韵律构词对汉语词汇的影响，这一节从历时角度来讨论韵律构词对汉语词汇的影响，讨论韵律构词在汉语历时发展过程中对汉语词汇化、语法化的影响。韵律词模板直接作用于词汇单位，其对汉语词汇化的影响是极其深远的，这里只作简略说明；被字句的发展大体能够说明韵律构词对语法化的影响，也将在这一节中简要介绍。

要说明一点，我们以下的分析中会同时涉及词汇化和语法化两个概念，一般认为这两个概念之间的界限并不是非常清楚。这里我们暂且将由短语或非词单位逐渐凝固或变得紧凑而形成单词的过程称为词汇化，以尽可能使之区别于语法化。

一、韵律词在汉语词汇化中的作用

汉语中很大一部分双音词是由短语或非词形式凝固而来的。短语是全部由词汇性成分组成的句法单位；非词形式指有句法成分参与其间的句法单位——即语法性单位与词汇性单位的组合，以及语法跨层的结构。（董秀芳，2011）

双音词的产生和发展是汉语史中一个关系汉语词汇系统面貌的根本性变化。其间，韵律的制约起到了非常重要的作用。韵律制约汉语词汇构成的机制其实并不复杂。句法单位或跨层结构要构成词汇单位，其中两个分立的组成成分都必须是单音节的，二者必须要构成一个双音节音步。一个韵律词是由两个音节构成的，而一个复合词必须首先是一个韵律词。于是，只有双音节的

句法单位才有可能词汇化，三音节词是在双音节词基础上再生的产物。

冯胜利（2000、2013）认为汉语中双音节音步的形成有一个历史过程，它大约建立于汉代。在那一时期，上古汉语复杂的音节结构已经显著简化，音节的韵律重量变轻了，音步不能再像上古汉语那样在单音节中实现，因而双音节音步产生了。这给汉语词汇的构造带来了深刻的影响，一方面促使汉语中大量的并列式双音词产生出来；另一方面，双音化的趋势也作用于语言中原有的短语，使之词汇化为词。如果短语是双音节，就满足了一个音步的要求，构成一个韵律词，具备了造词的形式基础。由于音步是在语音上结合最为紧密的自由单位，处在同一音步中的短语组成成分之间的距离就被拉近了，在反复的使用中，它们之间的句法关系可能逐渐变得模糊，最终变为一个在句法上无需再作分析的单纯的单位，韵律词从而发展成为词汇系统中的词。

（55）是由短语演变为词的例子，左列“今”表示现代汉语中的词，右列“古”代表古代汉语中的短语。比如“窗户”，现代汉语中“窗户”是一个词，在古代汉语中则是一个短语。“窗户之间，载盈一尺”中“窗户”是“名词+名词”短语。其余各例皆类此。

（55）今　　古

窗户　窗户之间，载盈一尺。（《全后魏文》）

牺牲　公曰：“牺牲玉帛，弗敢加也，必以信。”（《左传》）

规矩　礼之于正国也，犹衡之于轻重也，……，规矩之于方圆也。(《礼记》)

消息　消息盈虚，终则有始。(《庄子》)

鼓舞　孔某盛容修饰以蛊世，弦歌鼓舞以聚徒。(《墨子》)

聪明　耳目聪明，血气和平，移风易俗，天下皆宁。(《礼记》)

一再　其初受学之时，宿昔习弄，非直一再奏也。(《论衡》)

作为　禹作为祭器，墨染其外，而朱书其内。(《韩非子》)

同意　乐与天地同意，得万国之欢心，故天下治也。(《史记》)

物色　乃命宰祝，循行牺牲，视全具，……，察物色。(《礼记》)

固执　诚之者，择善而固执之者也。(《礼记》)

已经　前已经至难，而谓今不能济其易，又所疑也。(《晋书》)

责备　然《春秋》之法，常责备于贤者。(《新唐书》)

提纲　臣闻举网提纲，振裘持领，纲领既理，毛目自张。(《南齐书》)

随时　夫圣人随时以行，是为守时。(《国语》)

由非词形式凝固为词的例子详见（56）。比如第一行“其实”，现代汉语中是一个副词，但在《汉书》中是“代词＋名词”

构成的句法成分与词汇成分组合。“咸得其实”的意思是“都掌握了它的实际情况”。其余依此类推。

（56）今　　　　古

其实　考之于经传，咸得其实，靡不协同。

（《汉书》）

相信　赵氏上下不相亲也，贵贱不相信也。

（《韩非子》）

相识　以为故邪？则未尝相识也。（《荀子》）

见怪　休公谓韦公曰：“我得得为渠入蜀，何意见怪？”

（《北梦琐言》）

自杀　郑人缓也，呻吟裘氏之地。……十年而缓自杀。

（《庄子》）

果然　人言楚人沐猴而冠耳，果然。（《史记》）

虽然　为人臣不忠，当死；言而不当，亦当死。虽然，臣愿悉言所闻，唯大王裁其罪。

（《韩非子》）

不料　夫以弱攻强，不料敌而轻战。（《战国策》）

不论　不恤是非，不论曲直，以期胜人为意，是役夫之知也。（《荀子》）

非常　盖世必有非常之人，然后有非常之事；有非常之事，然后有非常之功。非常者，固常之所异也。（《史记》）

因此　今吴不如有过之强，而勾践大于少康。今不因此而灭之，又将宽之，不亦难乎。（《史记》）

可取　财物皆可取耳，诸母衣不可得。(《后汉书》)

否则　义则进，否则奉身而退。(《左传》)

莫非　普天之下，莫非王土；率土之滨，莫非王臣。(《诗》)

几乎　如知为君之难也，不几乎一言而兴邦乎？(《论语》)

而后　拟之而后言，议之而后动，拟议以成其变化。(《易经》)

终于　啜菽食菜羹，未尝不饱也，盖不敢不饱也。然终于此而已矣。(《孟子》)

极其　绍自以强盛，必欲极其兵势。(《三国志》)

例（55）及（56）中左列各词在古代都是短语或非词形式，这一点右列的古代文献有很好的体现。这些短语或非词组合受韵律词的影响，逐渐凝固，最终形成现代汉语中的词。

除以上的词汇化情况外，汉语词汇发展中还有另一种被称为“从隐含到呈现”的现象也是韵律词作用的结果。（胡敕瑞，2005）

“从隐含到呈现”是一种从上古到中古汉语词汇发展普遍存在的现象。所谓“从隐含到呈现”，是指某些原本融合在同一形式之中的概念后来被离析出来并分别用不同的形式表达。由于古汉语是一种用汉字记载的书面语，因此“从隐含到呈现”也可以简单理解为原来融合在同一字形中的概念，后来被分离出来并另用不同的字形来表达。质言之，“从隐含到呈现”是一种从概念融合到概念分离的现象。具体的示例如（57），这种变化的一个重要原因也是汉语韵律词的作用。

（57）臂→手臂　　波→水波　　泪→眼泪　　指→手指
　　　金→黄金　　象→大象　　雪→白雪　　银→白银
　　　见→面见　　眺→远眺　　罗→网罗　　蹑→足蹑
　　　拱→拱手　　汲→汲水　　瞑→瞑目　　娶→娶妻

众所周知，汉语从上古到中古，语音有两个重大的变化：一是语音系统趋于简化，二是声调逐渐完备。语音简化的一个具体表现是上古有些韵母的辅音韵尾丢失，结果是音节长度缩短了，致使很多音节成了单韵素音节而无法构成音步。因为音步必须遵循“二分枝”原则，即必须是一个可再分的“二分体”。

韵尾丢失得到的补偿是声调出现，由于声调的产生，声调的长短就抵消了音节内部韵素的长短；既然韵素的长短不能再显示音步，就只好通过添加音节的数量来满足二分的条件，于是添加一个音节而构成的双音节音步应运而生。冯胜利（1997、2000）的研究详细论证了汉语双音步建立于汉代，上古大量隐含于单音形式的概念正好在汉代（特别是东汉）纷纷通过双音形式呈现，这显然与此时形成的双音步为其预备了理想的结构模式有关。换言之，双音步模式为“从隐含到呈现”提供了一个必要条件。

关于韵律对汉语词汇历时发展的影响，本丛书中《汉语的双音化》（暂定名）分册有更详细的介绍，可以参看。

二、韵律词与被字句的形成

这一节，我们先简单介绍被字句的演变过程（冯胜利，

2013)，然后说明韵律词在其中的作用。

汉语被字句的演变过程如(58)所示：

(58) a. 春秋 [被 NP] 万民被其利
(《墨子·尚贤》)
b. 战国 [被 N/V] 知友被辱
(《韩非子·五蠹》)
c. 战国 [被 V][于 NP] 被围于赵(《战国策》)
d. 西汉 [被 VV] 被刑戮(《史记》)
e. 东汉 [被 Adv V] 横被暴诛
(《吴越春秋·阖闾内传》)
f. 东汉 [被 NP V] 臣被尚书召问
(蔡邕《被收时表》)

春秋时期“被”后是名词短语 NP，“被 +NP”构成述宾结构，见(58a)所示；至战国《韩非子》时“被 +X”结构出现“被+N/被+V”两解的情况，见(58b)；到了《战国策》，“被 +X”只作“被 +V”分析，并以“于 +NP”引入 V 的施事性成分，详见(58c)；至汉代，被字句最终形成，具体见(58d)(58e)(58f)。

简单点说，被字句的演变过程本质上是“被”的宾语从 NP 转变为 VP 的过程。NP 的属性由核心 N 决定，VP 的属性由核心 V 决定。所以，NP 变为 VP，关键是核心 N 变为核心 V，即[被+NP]变为[被+VP]的关键是[被N]到[被V]的转变。冯胜利(2013)称这种转变为“范畴演变原则”。

（59）范畴演变原则

短语的句法范畴的改变，首先是该短语中核心词词性的改变，因此：

XP → YP，条件：X → Y

综合（58）和（59），我们可以概括出被字句演变的链条为（60），其中“[被 VV]”表示“被”后是双音节动词性成分。这一链条中，最核心的一环是“[被 N] → [被 N/V] → [被 V]”。在这一环，“[被 N]”出现了“[被 N/ 被 V]”两解的情况，这种情况为重新分析提供了可能。没有这一环，被字句的演变就不可能发生，而韵律词恰是在这一环起到了至关重要的作用。

（60）[被 NP] → [被 N] → [被 N/ 被 V] → [被 V] →

[被 VP] → “被”字句

我们先看一些被字句演变过程中“[被 N]”两解的情况。如（61）所示，“[被 N]”两解基本只发生在 N 是单音节的情况下，可记作“[被 σ]”。“σ”代表一个音节，“σσ”代表两个音节，依此类推，以下皆同。

（61）被戮（《史记》）　　被辱（《韩非子》）

被侵（《韩非子》）　　被分（《韩非子》）

被刑（《韩非子》）　　被攻（《战国策》《吕览》）

经过考察，虽然不能说所有双音节“[被 σ]”形式都有两解，但是可以说兼具两解的 [被 N/V] 形式都是双音节。当然，先秦不是没有多于两个音节的被字形式，但是根据目前的材料来看，三音节及以上的被字结构（记作“[被 σ σ]”）一般不具备两解的可能。比如例（62）。

（62）厚者入刑罚，薄者被毁丑。(《墨子·贵义》)

根据王力先生的说法：“‘毁丑’与‘刑罚’对举，疑是名词，‘被’字大约只是动词，不是助动词。”

只有“[被 σ]”有两解，“[被 σ σ]”不能两解的现象说明“双音节”在被字句的发展变化中扮演着重要的角色。根据这一事实，可两解的“[被 σ]”双音节形式可以两解，绝不是偶然的，它们是该语言韵律系统的产物。这是因为，“[被 σ]”中“被”后只有一个音节，单音节不可能是组合结构，所以这种环境保证了“被”后“NP”永远是“N”，进而“被”后“N”才有可能变成“V”。

双音节构成韵律词，所以 N 变 V 的规律可以公式化为（63），这一公式读为：名词可以变成动词，其条件为“被 +X”必须是一个韵律词或复合词。

（63）N → V ／ [被 ____] PrWd/Compound

“被”字演变史中的一些现象与（63）可以互为印证。比如，“被围”是一个韵律词，所以历史上只有“被围于赵”(《战国策》)，没有“*被赵之围”，更没有“*被未围于赵”之类的句子。前者说明“围”不能当作名词来修饰，后者说明“围”也不能当作动词来修饰。这是因为“[被 σ]”是韵律词，而韵律词又可以固化和词化，韵律词一经词化，便是一个句法单位，因而必须遵循词汇完整性原则，自然不能被拆开。事实上，战国以至西汉的

“[被V]”中，都不能插进副词。这也说明其词化，至少是固化的性质。

再比如（64），“[被σ]”也是韵律词的限制造成的。（64）中[被V]之间“不容许有施事者”，根据韵律词理论，[被V]之间根本不可能插入任何成分，因为它们是复合词，正如现代汉语的“被捕”等[被V]复合词一样。如果[被V]是复合词，其中的动词自然不能独立。动词不独立，自然不能有自己的主语（施动者），这就是为什么这一时期的[被N/V]形式即使变成了[被V]，也不可能有[被$NP_{施动}$V]形式出现的原因。事实上，直到东汉才出现[被$NP_{施动}$V]形式，因为只有到了东汉，“V”才真正脱离韵律词的限制。

（64）万乘之国，被围于赵。(《战国策》)

被服于成俗乎？（《史记·礼书》）

过程“[被N]→[被N/被V]→[被V]”完成后，被字句演变的另外重要一环是“[被V]→[被VP]”，即从“被+V”复合词/韵律词到“被+VP”短语。这一过程中，韵律词同样发生着重要的作用:“[被V]”出现后，因为双音节化的影响，西汉起便开始了单音节“V”向双音节“VV”的变化过程，这一过程使“[被VV]”在“[被V]”的基础上大量产生，而“[被VV]”超出了韵律词的限制，进而导致大量“被+VV”短语的出现，最终造成“被”字句的产生。下面我们将进一步论证这一过程。

首先，如（65）所示，“[被V]→[被VP]”的演变过程中，出现了大量“被+双音节动词”的形式。

（65）被刑戮（《史记》） 被反间（《史记》）
被进见（《东观汉记》） 被戮辱（《新书》）
被放杀（《盐铁论》） 被殴杖（《东观汉记》）
被车裂（《论衡》） 被棺殓（《论衡》）
被获免（《东观汉记》） 被毁谤（《论衡》）
被累害（《论衡》） 被刑诛（《东观汉记》）

（65）中的这种形式至关紧要，它是[被V]通向[被VP]的桥梁和必经之路。因为只有“被+双音节动词”的三音节“[被[σ σ]]”形式才能打破[被V]头上的“韵律词”限制。

据冯胜利（2013）的统计，《韩非子》中没有[被VV]形式，《史记》中的[被VV]形式也仅有两例。然而到了《论衡》的时代，几乎26%的被字句（9:34）是[被VV]形式，这不能不说[被VV]形式的出现率已经相当可观了。

（66）先秦两汉的[被 σ]与[被 σ σ]的分布比较

年代	文献	[被 σ]	[被 σ σ]	总数
战国	《韩非子》	4	0	4
西汉	《史记》	9	2	11
东汉	《论衡》	25	9	34
总数		38	11	49

造成（66）现象的原因是，《论衡》的时代，双音节“VV”已经大量固化，比如（67）中“陨”“下”“降”既可只字单用，也可连比为双，而无论单、双，其所指称的对象都是“霜雪”。可见“下”与“下降”、“陨”与“陨零”无非是一个意义两种形

式的“一义二词”而已。此外，（68）中各例也都是“1—2”的成对形式，比如“谤—毁谤”“刑—刑戮”“辱—污辱”等。这说明，先秦的很多单音节词，到了东汉多有与之相应的双音节形式。

（67）冬月隆寒，霜雪陨零。（《论衡·是应》）
神物下降，风雨暴至。（《论衡·感虚》）
天为陨霜，何天之易感，霜之易降也？（《论衡·感虚》）

（68）被谤（《史记》）	被刑（《韩非子》）
被毁谤（《论衡》）	被戮（《史记》）
	被刑戮（《论衡》）
被辱（《论衡》）	被害（《论衡》）
被污辱（《论衡》）	被迫害（《论衡》）
	被祸害（《论衡》）
	被累害（《论衡》）

两汉，尤其是东汉时期，双音化作用下的 [被 VV] 形式大量出现。然而，正是被字后面的动词从单音到双音的这一变动，导致了上古 [被 V] 结构的整体改变。不只是韵律结构，句法结构也都发生了改变。

我们在前文中提及，韵律不容许三音节型 V+C 韵律词生成复合词，二、三音节是词与语的“大界”，因此 [被 V] 跟 [被 V V] 代表了两种截然不同的“韵律句法”结构。（69a）是两个音节，所以构成韵律词；（69b）是三个音节，超出韵律词范围，所以是短语结构。

（69）
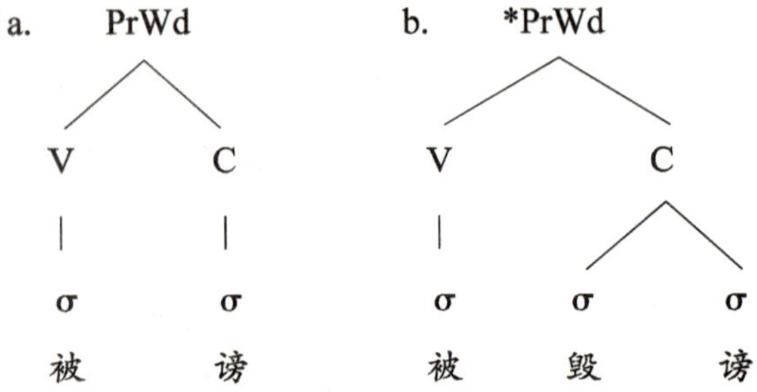

（70）中 [被 Adv V] 的例子，“V”被“Adv”修饰，这说明当时“被”字结构中的“V”已经是比较自由的短语，这可以进一步佐证正是“被＋双音节动词”导致“被字结构”进入短语范畴。

（70）被反间（《史记·苏秦列传》）
被阴害（《太平经·乐怒吉凶诀》）
被暴诛（《吴越春秋·阖闾内传》）
被怒责（《魏书·广平王传》）
被棺殓（《论衡·对作》）
被急召（《南史·任昉传》）
被累害（《论衡·累害》）

思考与练习

1. 请详细写出本章例（27）的韵律模板分析。
2. 请详细写出“复印件”是复合词，“印文件”只能是短语的分析过程。
3. 请详细写出本章（52c）各例的韵律模板投射过程。

3

第三章

汉语的“词感”

第一节 传统研究中的“词”

一、词的定义

这一章我们将在此前内容的基础上讨论一个新问题——什么是汉语中的词感。韵律词是汉语韵律构词投射的模板，也与汉语母语者的“词感”密切相关。讨论这一问题，我们先从较熟悉的“词”这一概念入手。

传统研究认为“词是有意义的、最小的能独立运用的语言单位”。一般来说，词都有意义，有的意义实在，比如“山”的意义是“地面形成的高耸部分”，“海”的意义是“大洋靠近陆地的部分”；有的意义比较抽象，比如“的、和、虽然”等，只表示一定的语法意义。

词能独立运用，实词和虚词有不同的情况。实词能同别的词结合起来，组成词组、句子，成为词组和句子的成分。例如“山”能同别的词结合起来组成“高山、山很高、山和海、尖形的山”等词组，组成“我们爬山吧！”“山陡极了！”等句子。有许多实词在对话的时候能够单说。“山、险峻”都是能单说的（如：“远处高高的东西是什么？”“山。”“那座山险峻吗？”“险峻。”），能单说的词可以看作在一定条件下独立成句了。

虚词运用的情况同实词不一样。有的虚词表示词组成分或句子成分之间的关系；如“山和海”中的“和”，表示“山”“海”的并列关系。有的虚词表示句子与句子的关系。例如“虽然困难大，但是他们还是能按期完成任务”这句话中，“虽然……但是……”表示句子间存在让步转折关系。有的虚词表示一种语气。例如“我们爬山吧！”中的“吧”，表示一种祈求或建议的语气。虚词的这些作用，就是它表示的语法意义。这也说明，虚词是独立运用的语言单位。

判断一个单位是不是词，除了“有意义”和“可独立运用”之外，另一个关键词是“最小”。因为词组也可以独立运用，“最小”使“词”区分于“词组”。如“山和海”是个词组，可以用它组成更大的词组“山和海的历史”，甚至可以组成句子“我们喜爱山和海”。“山和海”包含“山／和／海”三个单位，这三个单位才是最小的、可独立运用的有意义的语言单位，才是词。

词可能是单音节，也可能是双音节或多音节。比如：

单音节词：人　树　跳　走　短　红　十　斤　和　给
不　都　呢　吗

双音节词：人民　树林　益鸟　跳高　竞走　短跑　大红
纯洁　繁荣　对于　尽管　应该　尤其　来着

三音节词：图书馆　大前提　生产力　照相机　人造丝

四音节词：花花绿绿　慢条斯理　飞黄腾达

五音节以上的词：卡萨布兰卡　调制解调器　布宜诺斯艾利斯
北京春节联欢晚会　同步稳相回旋加速器

有些双音节或多音节词，还可以被分割为更小的有意义的单位。比如“耸立、险峻”可以再分割成“耸、立、险、峻”等，这些单位都有意义。比如，“耸”在这里的意义是“高高直立”，“立”在这里的意义是“竖立”，“险”在这里的意义是“（山势）

险恶，不容易通过”，“峻”在这里的意义是“（山）高大”，等等。分割得到的“耸、立、险、峻”等是语言中有意义的最小单位，叫语素。语素是构词的基本单位。“耸立、险峻”都分别由两个语素构成。

有些双音节或多音节词，不能被分割为更小的有意义的单位。比如“徘徊、雷达、加拿大、盘尼西林”等，分割这些多音节词得到的“徘、徊、雷、达、加、拿、大、盘、尼、西、林”等都没意义，它们结合起来才表示一个意义。

语素和词的关系可以从两个角度来考察。

从语素本身的性质来看，有两种语素。一种是不成词语素，如“耸、峻”等，它们只能和别的语素结合成词。如“耸”和“立”构成“耸立”，“险”和“峻”构成“险峻”，等等。另一种是成词语素，语素本身能成为一个词。如“立”（把梯子立起来），“险”（山路真险），“欢”（火烧得很欢）等。同时它也能和别的语素结合成别的词，如“立”可以和别的语素构成“立场、立脚、立刻、并立、创立、孤立”等词，“险”可以和别的语素构成“险恶、险峻、险诈、危险、惊险、阴险”等词。

从词由几个语素构成的角度看，可以分为两种情况。一种情况是一个词由一个语素构成，如“人、树、鸟、跳、飞、长、好、咖啡、加拿大”等；另一种情况是一个词由两个或两个以上的语素构成，如“耸立、建设、立脚点、建筑学、生产关系”等。

两个语素组成的语言单位，有几种情况：不成词语素加不成词语素构成的是词，如“具体、特殊、思索、介绍、感性”等；

不成词语素加成词语素构成的也是词，如“普通、习惯、考虑、阅读、报刊”等；成词语素加成词语素构成的，有的是词组，如“白马、小树、红笔、好米、你来吗”等，有的是词，如“钢笔、火车、小米、马路、拍马屁”等。

比词小一级的单位是语素，比词大一级的单位是词组。确定一个单位是不是词，关键是要将词与语素区别开，同时也要把词与词组区别开。

二、确定词的方法

为了确定什么是“词”，学界一直在探索区分词与语素、区分词与词组的形式化方法。

词的定义中，“能独立运用”使词得以区别于语素，语素是不能独立运用的；“最小的”使词得以区别于词组，词组是由词组成的，也可以独立运用，但却不是最小的能独立运用的语言单位。这一定义，明确了词的性质，指明了区分词与语素、词与词组的原则。而且，这一定义得到了普遍的认可，不过这一定义只是对词的性质作了规定，并没有明确具体的、可操作的鉴定标准。几十年来，结构主义语言学研究者通过不断努力，在鉴定某个语言单位是不是“词”的操作方法上作出了很多尝试。这其中，最典型的莫过于“同形替代法”“剩余法”和“扩展法”。（陈保亚，1999）

“同形替代法”最早是由陆志韦在《北京话单音词词汇》中提出的，具体来说，同形替代法的操作过程包括两个步骤：

1. 先把需要鉴定的对象从组合中挑选出来，看能否搁在其他同形式的环境里；

2. 组合中挑出被鉴定对象后留下的空隙能否用同类的成分补上。

比如例（1）。

（1）我经营饭馆	我经营饭馆
他经营房地产	我住饭馆
三晶公司经营药品	我卖饭馆
……	……

以上左栏实例中，被鉴定的成分是“经营”，其所在的组合形式是“我……饭馆”。“我……饭馆”与“他……房地产”“三晶公司……药品”等是相同形式的环境，“经营”可以搁在其中。换句话说，“经营”所在的“我……饭馆”这一环境，可以被同形式的“他……房地产”“三晶公司……药品”等替换。右栏的实例里，“我……饭馆”这一环境中的“经营”被挑出后，其他同类的成分如“住”“卖”等，都可以填补“经营”的位置。

利用“同形替代法”可以确定一个语言片段是词还是词组——如果组合中包含可以被同形替代的成分，那么这个组合就是词组；而组合中可以被同形替代的最小成分是词。比如例（2）中“金表”的后一个成分“表”可以被“镯子”“项链”“牙”替代；前一个成分“金”可以被“银”“铜”“钢”替代，所以“金表”是一个词组，“金”是一个词。

（2）金表	金表
金镯子	银表

金项链　　　　铜表

金牙　　　　　钢表

“剩余法”是出于提取虚词的需要而提出的一种确定词的方法。出现在组合中的虚词，同形替代法是无法将其提取出来的。比如，例（3）中“的”所在环境可以被同形替代，但挑出“的”后的空位，找不到其他的成分来填补（汉语中没有其他成分与此处“的”功能一致，故找不到其他成分来填补“的”的空位）。所以，无法根据同形替代法，将类似“的”这样的虚词提取出来，“剩余法”解决了这一问题。

（3）经营的　　　　经营的

住的　　　　　经营?

卖的　　　　　经营?

“剩余法”认为“一个言语片段中的词都被提取出来以后，剩下的也必须被看成是词”。根据同形替代法，“经营的”中“经营”是词，那么剩下的“的”也必须是词。事实上，汉语中的“了、着、过、地、得、吗、呢、从、关于”等虚词都是通过剩余法提取的。

“扩展法”恐怕是传播最广的一种鉴定词和词组的方法了。简单点说，扩展法认为如果一个组合可以被扩展，且扩展后意义基本不变，那么这个组合是词组，否则这个组合是词。最经典的例子是“白纸”扩展为“白的纸”后，意义基本不变，所以“白纸”是词组；“白菜”扩展为“白的菜”后，意义完全不同，所以“白菜”是词。

前文中所列的词例，如“人、跳、树林、跳高、尽管、图书馆、慢条斯理、卡萨布兰卡、同步稳相回旋加速器”等，都是根据以上三种方法确定的。这三种方法基本解决了如何提取汉语“词”的问题。

除以上三种方法之外，近年来“词汇完整性假说（Lexical Integrity Hypothesis，简称 LIH）”（Huang，1984）也越来越被汉语学者所接受，这一假说在区分词与短语方面也有着极强的说服力。

（4）词汇完整性假说

词内成分不受短语规则的影响。

有很多现象可以证明词汇完整性假说的合理性。比如，（5a）的“火车、汽车”都是词，所以利用连词“跟”实现“合并”的短语规则不适用于“火车”内的“火”和“汽车”内的“汽”；同样，（6a）中的“New York”和“New Orleans”也都是词，所以前一词内的“York”也不能与后一词内的“Orleans”合并。

（5）a. [火车]跟[汽车]

b.*[火跟汽]车

（6）a. [New York] and [New Orleans]

b.*New [York and Orleans]

再比如例（7）。（7a）中“黑板”是词，所以其中的“黑”并不与修饰语“绿色的”相冲突；对比（7b），“白纸”是词组，“白”与修饰语“蓝色的”语义上相冲突，从而造成句子不正确。

（7）a.　一块绿色的黑板

b. * 一张蓝色的白纸

再看例（8）。可以被代词回指也是短语规则之一，词内的成分不能受短语规则影响，所以不可能被回指。（8b）中代词him回指了词Bloomfieldian中的一部分（Bloomfield），所以不正确。

（8）a.　All Bloomfieldians like Bloomfield.

b. *All Bloomfieldians like him.

概括来说，以上研究都强调以句法表现来鉴定什么是词，不过在这些研究取得众多成果的同时，一直存在一些它们无法解决、回避的问题。

第二节　传统“词”概念的困境

一、离合词困境

传统研究中“词”研究所面临的第一个问题就是如“关心、担心、跑步、睡觉”之类的离合词。（冯胜利2001a、2001b）

首先来看“关心”“担心”等词。从成分间的结构关系来看，“关心”“担心”与“司马”“得罪”等相同，都是述宾式，但毫无疑问，“司马”和“得罪”都是词，而“关心”和“担心”则不尽然。

根据扩展法，能扩展且意义基本不变的组合是词；根据词汇完整性假说（LIH），短语规则不能影响到词汇内部任何部分。如例（9），从扩展的角度看，"关心"和"担心"都进行了扩展，而且意义基本不变；从词汇完整性假说的角度看，它们中的成分"心"都受到了句法修饰语的修饰。因此，"关心"和"担心"都是短语而不是词。

（9）a. 关心：你关什么心？

b. 担心：让我担了三年心。

然而，我们又不能说"关心""担心"这些形式就是短语而不是词，因为它们还有例（10）的用法。

（10）a. 关心：袭人关心宝玉。

b. 担心：贾政担心宝玉。

例（10）中，"关心"和"担心"都后带了其他成分做宾语。能带宾语的[动宾]结构不能不是词，否则就违反了句法上关于论元结构的规定。论元结构的规定见例（11）:（11a）正确，（11b）不正确就是因为后者中二元动词"吃"带了三个名词"八戒""人参果""悟空"。

（11）a. 悟空打死了白骨精。

b. * 八戒吃了一个人参果悟空。

如果"关心"和"担心"是短语，参考例（11b），例（10）中两例应该都不正确，因为其中的"关""担"便都是动词，"心"是它们的第一个宾语，"宝玉"将是第二个宾语，再加上主语名词"袭人""贾政"，二元动词"关""担"都带了三个论元。但事实上（10）中两句都正确。

至此可知，“关心”“担心”等形式具有双重特征：句法上既可以是词，也可以是短语——是词，因为可以带宾语；是短语，因为可以拆开。

接下来仔细观察“睡觉”“跑步”等形式。毫无疑问，这类组合也可以拆开，详见（12），这说明它们也都是短语而不是词，不过，说它们是短语也面临一些困难：如果“睡觉”“跑步”是短语，那么“睡”“觉”“跑”“步”就都是词，但实际上其中的“觉”和“步”根本不可能是词，因为没有人知道这里的“觉”和“步”是什么意义，这意味着它们甚至不是有意义的单位，无意义单位连语素都算不上，又怎么可能是词呢，“觉”和“步”不可能是词，“睡觉”“跑步”也不可能是短语，便是目前词语区分框架下很自然的推论。

（12）a. 睡觉：新生儿每天需要睡二十多个小时的觉。
　　b. 跑步：开学到现在只跑了三次步。

根据上一段的分析，“睡觉”“跑步”类的组合，可以拆开，所以是短语；短语中不能出现无意义的音节，所以它们又是词。

如果我们把能否带宾语概括为“及物性”，把能否扩展或拆开概括为“可拆性”，把成分是否有意义概括为“表义性”，三者作为验定组合是“词”还是“语”的基本标准：凡可带宾语的是词；凡可拆开的，是语；凡直接成分不能够表义的，是词。当然，可以拆开而又不能带宾语的，是短语。于是以上的分析可以概括为（13）。（13）说明“担心”等四个词，都满足及物性标准，所以都是词；这四个词也都满足可拆性特征，所以也是短语。

（13）

	及物性/表义性	可拆性		
担心	+	+	→	词/短语
关心	+	+	→	词/短语
睡觉	+	+	→	词/短语
跑步	+	+	→	词/短语

以上分析结果一目了然，虽然具体原因不同，但“担心”“关心”“睡觉”“跑步”等组合确实既是“词”又是“语”。一个组合既是“词”，又是“语”，这显然逻辑上自相矛盾，而且这样的组合如此大量地存在于汉语中，也不是“特例”“例外”等可以推托的，这类组合向传统“词”研究提出了严峻的挑战。面对这样的困境，传统研究将它们命名为“离合词”，意指“合时为词，离时为语”。但这一命名只说明了这类组合单位的特点，却并未给出解释。

面对以上困境，冯胜利（2001a、2001b）进行了深入的讨论，他指出两点：

其一，离合词是语法上既是词又是短语的形式；

其二，离合词必须是韵律词。

通常所说的“关心”“洗澡”等离合词，从表面上说是可离可合的形式。但是“可离可合”不是严格的术语。离合词的严格定义应是“既可以是词也可以是短语的形式”——这一论断可以得到词汇完整性原则的支持。词汇完整性原则可以表述为“短语（句法）规则不能影响到（适用于）词汇内部的任何部分”。就是说，如果 [XY] 是一个词汇形式，那么任何句法规则都不能作用于该形式之中的任何部分。就“关心”这个形式来说，它的语法关系虽然是动宾，但是如果有关动宾的任何句法规则都不能作用于其中的“关”或“心”，那么“关心”便是一个词；否则“关心”便不是词，而是短语。请看例（14）。

（14）a. 张三对他的妹妹很关心。

b. 他一直关心着妹妹的前途。

c. 这不是你的事，你关什么心呢？

（14a）里，“关心”可以受“很”一类修饰语的修饰，说明句法把“关心”当作一个心理动词，根本不顾其中的 [动宾] 关系；（14b）里的“关心”用作一个独立的动词，故可带宾语，如“妹妹的前途”，不但“句法规则没有影响到该形式内部的任何部分”，而且无视“关”已经有自己的宾语“心”的事实——除非“关心”是一个动词，否则不能再带另一个宾语。（14c）则不然，句法规则影响到“关心”内部的“心”这一部分——可用“什么”修饰“心”。所以这里的“关心”不是词，而是短语。

而且，只有类似于“关心”这种既可以鉴定为词又可以鉴定为短语的形式才是离合词。下面的形式不能叫离合词，至多是“习语”(idiom)：

（15）泡蘑菇	* 泡蘑菇工作	泡了两天蘑菇
找别扭	* 找别扭他	找他的别扭

原因很简单，它们根本不曾“合”，因此也就谈不上“离”。根据句法分析，“泡蘑菇”一类的动宾形式都不能成词，因为它们不能再带宾语；根据韵律分析，[1+2] 式动宾组合根本不可能成词，因为它们不是韵律词（动宾韵律词都是两个音节）。（冯胜利，2000）它们之所以不是离合词，原因除了不能再另带一个宾语之外，还在于都可以接受不同程度的句法操作，亦即接受不同程度的扩展。换言之，唯有双音节的动宾形式才可以“成词”，才可以“离合”（尽管不是所有的双音节动宾形式都能如此）。（16）中各例也清楚地说明对“离合词”的这一分析。

（16）负责病房	* 负责任病房
对病人负责	对病人负责任
有害身体	* 有伤害身体
对身体有害	对身体有伤害

概括来说，“关心”“洗澡”等既是词又是语，它们是离合词。没有人把“关你什么事”“洗黑钱”之类当作离合词，也没人把“放秃尾巴鹰”等叫作离合词。对这一现象，可以总结如下：

（17）离合词的韵律标准

凡有资格作为离合词的，都是韵律词。

综合以上两个现象，在韵律词的视角下思考，离合词既是词又是语的逻辑矛盾便很容易解开了。

简单点说，离合词亦词亦语的逻辑矛盾，事实上并不存在。认为离合词存在逻辑矛盾的观点大多是因为“离合词能带宾语，所以它是词”“离合词内可以受句法规则影响，所以它是语”，即认定离合词是词的根据是其句法属性，认定离合词为短语的根据，同样是其句法属性。都是根据句法属性，对同一个对象鉴定却得出相冲突的结果，所以才构成逻辑上的矛盾。要说明一点，根据不同属性鉴定某个对象，即使得出相冲突的结果，也不意味着存在逻辑上的矛盾。因为鉴定标准不同，鉴定结果当然可能冲突。比如医学上依据心脏不再跳动而确定的已经死亡的患者，根据大脑活动来鉴定可能仍活着——此时的问题是选择哪个标准来鉴定，两个结论并不存在逻辑上的矛盾。不过，虽然鉴定离合词亦词亦语的标准都是句法属性，但逻辑矛盾依然不存在。这是因为认为存在逻辑矛盾的观点，忽略了韵律词对汉语的影响。

传统汉语语法研究中，词与语之间存在着清晰的界线，但这种研究事实上忽略了韵律语法研究所揭示的传统语法“词”与“语”两级间的“韵律词”一级，忽视了韵律词使“词”和“语”身份动态转变的可能。很多我们在前文中曾提及的韵律词示例，都可以说明韵律词这种“中间级”的身份。比如“天哪、打破、几次”等，从语法上都是短语，但都是韵律词。

另外，“关严”“拿出”“放到”“出兵”等都是传统语法中的短语，但如（18）所示，在某些具体语句中它们都可以表现出词的特点。换句话说，韵律词为某个双音节组合表现为“词”还是“语”创造了弹性存在的可能。很多句法操作，正是以韵律词为基本单位进行的，具体见后文对“收徒山神庙、讲学中南海”等现象的说明。

（18）a. 动词带几个成分：关严窗户　　　　*关严实窗户
b.“了”的位置：拿出了一本书　　　　*拿了出一本书
把书拿了出来
c.“了”的位置：放到了书包里　　　　*放了在书包里
d. 可以再带宾语：出兵朝鲜　　　　*出士兵朝鲜

根据前文的分析，“担心”“关心”等双音动宾组合都是韵律词环境下双音结构存在“词”“语”弹性的证据。

要说明一点，解决离合词亦词亦语的逻辑冲突，还有一种从语言单位一致性认定角度来解决的办法，即认为离合词是词的形式与是语的形式是同形单位，比如“（这是我的）签字”和“（请您）签字”，前者是词，后者是短语，因为不把它们认定为一个语言单位，所以没有人觉得存在逻辑矛盾。但我们认为这种方法不适合解决离合词的逻辑矛盾问题。首先，将离合词的词形式和语形式认定为两个单位，似乎不太符合语感，有强行为之的嫌疑；另外，将离合词的词形式和语形式认定为两个单位，事实上只是换个角度描述了现象，而并没有解决问题。

总之，离合词是在韵律框架内运作的，它是韵律模板（template）与句法运作的“二合物”。从离合词必须是韵律词这一点上可以看出，所谓“离合”不过是亦词亦语的代称。因此，“离合词必须是韵律词”这一现象也反映出“韵律词亦词亦语”的基本特征。显然，恰好是句法上的“词、语”概念，才使韵律词的两兼属性得以体现。

二、语感相悖困境

语感困境大约可以从三个方面来说明，首先是有些根据当前语法标准鉴别出来的词，在语感中不被感知为词。

根据语法标准来鉴别，“袖珍英汉词典、大型彩色纪录片、同步稳相回旋加速器、多弹头分导重入大气层运载工具”等都是词，但这一结果通常不被大部分人所接受。早在吕叔湘（1979/2005）中就指出：“一般人心目中的词是不太长不太复杂的语音语义单位，大致跟词典里的词目差不多。”

语感困境的第二个方面：有些在语感中都是词或都是短语的相似的组合，语法鉴定标准的结果却是一者为词，一者为短语。比如根据分析，“白菜”是词，但“白纸”为短语；“鸭肉”是词，但“鸡肉”是短语，等等。对这些组合的分析，完全符合现有的关于如何确定“词”的鉴定标准和操作程序，但分析结果却很难得到语感支持。一般人很难接受分析所得出的结果。

语感困境的第三个方面是很多在语感中是词的组合，根据确定词的语法标准鉴定，它们都是短语，比如“打碎”“放在（教室里）”“门前”等。根据语法标准，“打碎”是结果补语短语；“放在”是介词补语短语；“门前”是方位词短语。总之，在传统分析中，这些组合都是短语而不是词。但在人们的语感中这些组合都是词，而不是短语。

上文列举了几种根据语感鉴定词和根据语法标准鉴定词结果相冲突的情况，这类现象汇总罗列出来，大约可以得到（19）。

（19）

	语法鉴定	语感	一致情况
关心	离合词	词	不完全一致
洗澡	离合词	词	不完全一致
睡觉	离合词	词	不完全一致
白菜	词	词	是
白纸	语	词	否
鸭肉	词	词	是
鸡肉	语	词	否
掩耳盗铃	成语	语	不完全一致
久而久之	成语	语	不完全一致
绊脚石	词	语	否
大型彩色纪录片	词	语	否
同步稳相回旋加速器	词	语	否
挂羊头卖狗肉	固定短语	语	是
三天打鱼两天晒网	固定短语	语	是

例（19）所列的14个结构中，语法鉴定与语感鉴定结果只有4个一致，5个不完全一致，其余5个皆不一致。当然这不是标准的统计，但能反映汉语语法研究中所确定的词与普遍语感的差异，而且，看起来这种差异集中体现在语感中是词的双音节，部分被语法分析为短语；语感中是短语的多音节，部分被语法分析为词。

以上这些分析说明一个问题：人们对什么是词的感知与根据语法鉴定标准分析得到的结果并不完全一致，看来语法分析的结果并不完全反映人们的语感，而是有别的因素在起作用，下面我们来看一下与以上分析密切相关的一个概念——词感。

第三节　韵律词是汉语“词感”中的“词”

一、相关的理论分析

上文列举了一些根据句法鉴定得到的词与语感中的词不一致的例子，很多根据语感是“词”的形式，从句法角度鉴定都不能算作标准的“词”。例如，“吃饭”“睡觉”“走路”“跑步”“担心”，等等，其中的成分都可以根据句法规则加以修饰（如“睡了……觉”，其他仿此）。

另一方面，我们语感中以为是短语的形式，如“好朋友”“小工厂”等[形容词+名词]又都变成了词，因为其中的成分不能被修饰，比如“*很好朋友”“*很小工厂”等——如果是短语“好朋友”“小工厂”，其中的成分“好”“小”应该可以受句法规则影响，即应该可以前加程度副词。

仔细观察前文例（19）中根据语感所作的判断，可以看到一个明显的趋势，语感上的词与词的长度有直接的关系。正如吕叔湘（1979）所说，“一般人心目中的词是不太长不太复杂的语音语义单位”——这也许是关于什么是“词感”的最早阐述。

冯胜利（1996）在前人研究的基础上明确提出词感与词的音节长度有关的观点。“双音节”将被感知为词，而超过双音节的组合则不易被感知为词。人们语感中的“词”与根据语法标准鉴定出来的词有很大的不同。汉语语感中的“词”与语法鉴定所得出的“词”在传统研究中常常被混淆，研究者常常因为二者使用了同一个术语“词”而忽略了它们之间的差别，这导致了很多“什么是汉语中的词”的争论。“语感中的词并不同于语法鉴定的词”是以上所说的语法鉴定的词与语感不一致现象的根本原因。“久而久之”“同步稳相回旋加速器”等虽然在语法鉴定中都是词，但因为它们超过了双音节长度，所以在语感中都被感知为短语；“关心”“白纸”“鸡肉”等虽是语法鉴定的短语，但因为它们都是双音节，所以在语感中更多地被感知为词。

组合的长度，或者说双音节，使这一组合被感知为词。据此，如果一个短语正好是双音节，那么它就跟一般的短语不同，这样的“短语”会给人“词感”。正因如此，不仅“睡觉”“走路”“跑步”给说汉语的人以“词”的感觉，就是“吃饭”“喝水”“唱歌”“跳舞”“念书”等双音节动宾短语，也同样给人以“词”的感觉。显然，这里所谓“词”的感觉，严格地说，其实与语义无关（“挂羊头卖狗肉”语义上可谓一个单位，但人们对其并无词感），也与句法无关（“同步稳相回旋加速器”是一个句法单位，但显然超出人们的词感）。这种单位，究其本是韵律单位，尽管它既牵涉句法，也涉及语义。

下面的事实可以进一步说明，与词感联系最紧密的长度是双音节。（冯胜利，2001a、2001b）只有双音节的动宾短语给人以“词”的感觉，三音节以上的单位则不能给人以这种感觉，比如例（20）中的对比。

（20）放假　放秃尾巴鹰　吃瘪　吃闭门羹
吃亏　吃哑巴亏　泡汤　泡蘑菇

没有人把“放秃尾巴鹰”当作词，也没有人把“吃哑巴亏”“泡蘑菇”当作词。在动宾结构里，最能给人以“词感”的只有双音节形式。在中国人的语感中，过长的动宾语串不像词。根据长度对词感的影响，汉语的动宾短语可以分为两类：“长动宾（多于两个音节）”和“短动宾（两个音节）”。长动宾都是短语，只有两个音节的动宾才给人以“词”的语感。

长、短动宾的区别不仅有语感上的不同，还有句法上的差异：只有两个音节的动宾短语才能成词，三音节的动宾短语均不能成词。这可以从动宾形式的“可拆性”与“及物性”两方面来说明。先看“可拆性”。比较：

（21）双音节：*得他的罪　*奔两次波　*亏几个空
　　　　　　*满一点儿意　*咳一会儿嗽
　　　三音节：泡他的蘑菇　炮两次蹶子　开几个玩笑
　　　　　　咬一会儿耳朵　打一个圆场

这里，不能拆开使用的，只有双音节的动宾形式，三音节的动宾形式一般都可拆开使用。如果把“可拆性”作为词语区别的鉴定标准，那么无疑只有双音节的动宾短语可以成词，而三音节（或以上）的绝对不能成词，因为它们永远都可以拆开使用。双音节形式与三音节形式在“可拆性”方面的对立，不容置疑。事实上，这种对立不仅表现在它们的“可拆性”上，而且还表现在它们的“及物性”上。请看：

（22）双音节：得罪人　抱怨人　关心他　担心他
　　　　　　进口货物　告别父母　留神钱包
　　　三音节：*开玩笑人　*泡蘑菇工作　*打圆场他
　　　　　　*炮蹶子他　*动手术他　*咬耳朵他

与“可拆性”相反，例（22）中合法的都是双音节形式。很清楚，只有两个音节的动宾可以再带宾语；凡是三音节的形式，一律不能再带宾语。这里，二、三音节之间的对立，也泾渭分明。此外，这种对立还可以从动宾形式能否带助词的区别上看出来。譬如：

（23）双音节：得罪—过　　　抱怨—起来
　　　　　　　关心—过　　　咳嗽—起来
　　　三音节：* 泡蘑菇—过　　* 开玩笑—起来
　　　　　　　* 动手术—过　　* 咬耳朵—起来

正如例（23）所示，只有两个音节的动宾形式可以带“过”“起来”等形式，三个音节的动宾一般都不能带这些形式。原因很简单，因为只有两个音节的形式可以成词，而三个音节的形式永远不能成词。二、三音节在“能否成词”上的对立，也界线分明。就事实而言，动宾合成词一般都是双音的，如：“从事、得罪、留意”，等等。可见，只有双音动宾形式才能严守“词汇的完整性”，而三音节的动宾形式均可拆开使用，而且都不能带宾语，这些足以证明双音节跟三音节在句法上的一种对立。

此外，“助动＋动”结构也可用来说明双音节在决定结构能否成词方面的重要作用。在当代句法学中，[助动词＋动词] 也属于 VC（动词＋补述语）形式的一种。汉语中的 [助动词＋动词] 可以构成复合词，如“可爱”。

我们说“可爱”是复合词，是因为它已经改变了词性，成为形容词，所以可以用“非常”“特别”等词来修饰（如“非常可爱”)。而且，这种“[助动+动→形容词]”的运作一般只发生在两个音节的[助动+动]形式之上，[1+2]式的[助动+动]不具备这种转化功能。详见例（24），不同于（24a），（24b）中的[1+2]式[助动+动]结构都不能受程度副词“非常”修饰。

（24）a. 双音节： 非常可悲 非常可爱 非常可耻
非常可疑 非常可恨
b. 三音节：*非常可悲哀 *非常可喜爱 *非常可耻辱
*非常可怀疑 *非常可痛恨

《现代汉语词典》（2012年第6版）说“（可）多跟单音动词组合”。释文中用一个“多”字，似乎是说“可”也能跟双音动词组合。但是查遍《现代汉语词典》，无一例[可+双音动词]。倒是《现代汉英词典》里有“可裂变物质（物理学术语）”“可加工性（机械术语）”等几例。然而，这些都是科技术语，无一例出于自然口语。同时，“可裂变”“可加工”也不像“可悲”等可以转性，“*非常可裂变”“*非常可加工”都不合法。

我们知道，科技术语常常因为特殊需要而硬造一些违背韵律规则的词汇形式，这些形式虽不上口，却属不得已而为之，所以自当别论。这里所要指出的是：没有韵律，我们无法解释这种[1+1]可以成词转性，而[1+2]则不能的现象。这里我们又一次看到，韵律词对V+C型语串合法性的影响。

最后，双音节述补结构可以成为复合词带宾语，但三音节述补结构不能成为复合词带宾语，比如“打牢基础/*打牢固基础”等，也是双音节成词、三音节不成词的结果。

总之，根据词汇完整性的原则，凡是句法规则可以施展的地方，都是短语的所在。因此，“得罪”跟“开玩笑”的句法属性迥然不同，“得罪”是词，“开玩笑”是短语。汉语中的“词—语分界”虽然一向“划水难分”，但是以往的研究忽略了“分界”中最突出、最重要的一大特点：只有 [1+1] 式的动宾组合，才有资格成词，而 [1+2] 式的动宾组合，一般都不具备成词的条件。无疑，“能否扩展”的对立是“词”与“语”的对立；“能否另带宾语”的对立也是“词”与“语”的对立，而这两种对立均可以用 [1+1] 与 [1+2] 分出大界：一边是“可能形式”，另一边是“不能形式”，双音节还是更多音节便是这词语大界的关键。传统“词汇构词法”不能说明这种“能否成词”与音节数量之间的对应关系，在明确了汉语中“词”其实与音节数有关，引入韵律词的概念之后，汉语“词”的问题终于可以解决了。（冯胜利，2001a）

二、基于大规模统计的实验结果

大规模的语感调查也证明汉语词感与音节数间确实存在密切的关系，各种相关统计中，王立（2003）最能说明问题。

王立（2003）是一项专注于什么是汉语词感的实证研究，她首先选择了 8 个句子组成第一组调查问卷，即“问卷一”。问卷一共请了 1200 名被试对所选取的 8 个句子中的词进行提取。问卷一的调查共发放了问卷 1200 份，回收 1183 份，回收率为 98.58%。回收的问卷中，未按要求进行词划分的无效问卷共 44 份，占回收总数的 3.72%。

在调查中，王立控制了调查问卷被试的职业分布和文化程度，1183 名被试职业分布和文化程度分别见表 3-1、表 3-2；调查问卷的具体内容见表 3-3。

表 3–1 调查对象的职业分布

职业	人数	百分比	备注
工人	598	50.55	含产业工人、营业员、服务员、厨师、驾驶员等
干部	295	24.94	含机关干部、公司职员、技术人员、医务人员、教师等
学生	87	7.35	其中大学生 31 人，夜大生 18 人，初中生 38 人
城镇居民	106	8.96	主要是职工家属或无业人员
农民	68	5.75	武汉市所属各郊县
个体户	29	2.45	含城乡个体户
Σ	1183	100.00	

表 3–2 调查对象的文化程度分布

文化程度	人数	百分比	备注
小学	44	3.72	
初中	386	32.63	
高中	458	38.72	含高中、中专、技校毕业生
大学	295	24.93	含大学专科、本科毕业生和少数研究生
Σ	1183	100.00	

表 3–3 问卷调查一内容

请根据您自己的理解，将下列各句中的“词”逐一划分开来。谢谢合作。

1. 黑底金字的陈年老匾泛着辉光。

2. 红花还要绿叶扶，好汉还需众人帮。

3. 日月潭是我国台湾省的一个大湖，日月潭在台中附近的高山上。

4. 在乌云和大海之间，海燕像黑色的闪电高傲地飞翔。

5. 我在漂泊他乡的岁月，心中总涌动着故乡的河水，梦中总看到弓样的小桥。当我访南疆、探北国，眼帘闯进座座雄伟的长桥时，我的梦变得丰满了。

6. 老年人应当多喝牛奶，多吃海鱼、蔬菜、水果，少吃肥肉、猪油，预防老年病。

7. 山后的畜牧场，每天都有马车和牛车往集市运送猪肉、羊肉，往加工厂运送猪皮、猪鬃、羊皮、羊毛，等等。

8. 蓝天上飘着几朵白云，今天天气真好哇！

请留下您的年龄　　　　职业　　　　文化程度

从表 3-1、表 3-2 可以看出，问卷一的调查对象职业分布十分广泛，文化程度涵盖各个层次。这些调查对象很有代表性，能反映普通民众对词的印象，反映普通民众的词感。问卷一的调查结果具体见表 3-5、表 3-6、表 3-7、表 3-8、表 3-9 中“样本一”列的相关结果。

为了更好地了解“词感”，王立（2003）在“问卷一”之外，还进行了“问卷二”的调查。问卷二的调查对象都是大学生，共发放问卷 210 份，回收 208 份，回收率为 99.05%。回收的问卷中，未按要求进行分词连写的无效问卷共 27 份，占回收总数的 12.98%。有效问卷 181 份，占回收总数的 87.02%，总有效率 86.19%。

问卷二的具体内容详见表 3-4。

表 3-4 问卷调查二内容

请您用汉语拼音拼写下列各句，请注意以词（您认为的）为拼写单位，“词”与“词”隔开。谢谢合作。 1. 黑底金字的陈年老匾泛着辉光。 2. 红花还要绿叶扶，好汉还需众人帮。 3. 日月潭是我国台湾省的一个大湖，日月潭在台中附近的高山上。 4. 在乌云和大海之间，海燕像黑色的闪电高傲地飞翔。 5. 我在漂泊他乡的岁月，心中总涌动着故乡的河水，梦中总看到弓样的小桥。当我访南疆、探北国，眼帘闯进座座雄伟的长桥时，我的梦变得丰满了。 6. 老年人应当多喝牛奶，多吃海鱼、蔬菜、水果，少吃肥肉、猪油，预防老年病。 7. 山后的畜牧场，每天都有马车和牛车往集市运送猪肉、羊肉，往加工厂运送猪皮、猪鬃、羊皮、羊毛，等等。 8. 蓝天上飘着几朵白云，今天天气真好哇！

王立（2003）将调查者对问卷一和问卷二的词进行切分的结果，按定中结构、动补结构、名方结构、数量结构、状中结构进行了分类对比，分别得到表 3-5、表 3-6、表 3-7、表 3-8、表 3-9。这些表中，左列样本一是问卷一的统计结果，右列样本二是问卷二的统计结果。另外，图表中 n 表示样本容量，f 表示频数，p 表示频率。

表 3–5 双音节定中结构切分结果

字串	样本一（n=1139）				样本二（n=181）			
	1 个词		2 个词		1 个词		2 个词	
	f	p	f	p	f	p	f	p
白云	1137	99.82	2	0.18	173	95.58	8	4.42
北国	1138	99.91	1	0.09	178	98.34	3	1.66
长桥	1133	99.47	6	0.53	163	90.06	18	9.94
陈年	1136	99.74	3	0.26	173	95.58	8	4.42
大海	1136	99.74	3	0.26	179	98.90	2	1.10
大湖	1130	99.21	9	0.79	165	91.16	16	8.84
肥肉	1138	99.91	1	0.09	179	98.90	2	1.10
高山	1131	99.30	8	0.70	176	97.24	5	2.76
弓样	1106	97.10	33	2.90	138	76.24	43	23.76
故乡	1139	100.00	o	0.00	180	99.45	1	0.55
海燕	1137	99.82	2	0.18	180	99.45	1	0.55
海鱼	1139	100.00	0	0.00	178	98.34	3	1.66
好汉	1130	99.21	9	0.79	172	95.03	9	4.97
河水	1139	100.00	0	0.00	174	96.13	7	3.87
黑底	1105	97.01	34	2.99	165	91.16	16	8.84
黑色	1139	100.00	0	0.00	177	97.80	4	2.20
红花	1122	98.51	17	1.49	171	94.48	10	5.52
辉光	1127	98.95	12	1.05	173	95.58	8	4.42
金字	1125	98.77	14	1.23	168	92.82	13	7.18
今天	1137	99.82	2	0.18	181	100.00	0	0.00
蓝天	1135	99.65	4	0.35	176	97.24	5	2.76
老匾	1121	98.42	18	1.58	167	92.27	14	7.73

（续表）

字串	样本一（n=1139）				样本二（n=181）			
	1 个词		2 个词		1 个词		2 个词	
	f	p	f	p	f	p	f	p
绿叶	1127	98.95	12	1.05	172	95.03	9	4.97
南疆	1138	99.91	1	0.09	176	97.24	5	2.76
马车	1137	99.82	2	0.18	178	98.34	3	1.66
牛车	1137	99.82	2	0.18	178	98.34	3	1.66
牛奶	1139	100.00	0	0.00	180	99.45	1	0.55
蔬莱	1139	100.00	0	0.00	181	100.00	0	0.00
水果	1138	99.91	1	0.09	181	100.00	0	0.00
天气	1138	99.91	1	0.09	181	100.00	0	0.00
乌云	1135	99.65	4	0.35	181	100.00	0	0.00
小桥	1134	99.56	5	0.44	167	92.27	14	7.73
眼帘	1137	99.82	2	0.18	178	98.34	3	1.66
羊毛	1138	99.91	1	0.09	179	98.90	2	1.10
羊皮	1138	99.91	1	0.09	180	99.45	1	0.55
羊肉	1138	99.91	1	0.09	178	98.34	3	1.66
众人	1137	99.82	2	0.18	174	96.13	7	3.87
猪鬃	1138	99.91	1	0.09	180	99.45	1	0.55
猪皮	1138	99.91	1	0.09	179	98.90	2	1.10
猪肉	1138	99.91	1	0.09	179	98.90	2	1.10
猪油	1139	100.00	0	0.00	179	98.90	2	1.10
他乡	1128	99.03	11	0.97	165	91.16	16	8.84
我国	1133	99.47	6	0.53	155	85.64	26	14.36
均值	1133	99.47	6	0.53	174	96.13	7	3.87

表 3-5 是问卷一和问卷二中关于双音节定中结构是否被认定为词的统计结果。定中结构以外的动补、名方、数量、状中等结构类型双音节字串的词感统计结果分列如下。

表 3–6 双音节动补结构切分结果

字串	样本一（n=1139）				样本二（n=181）			
	1 个词		2 个词		1 个词		2 个词	
	f	p	f	p	f	p	f	p
看到	1136	99.74	3	0.26	179	98.90	2	1.10
变得	1116	99.78	23	2.02	167	92.72	14	7.73
闯进	1136	99.74	3	0.26	176	97.24	5	2.76
均值	1129	99.15	10	0.85	174	96.13	7	3.87

表 3–7 双音节名方结构切分结果

字串	样本一（n=1139）				样本二（n=181）			
	1 个词		2 个词		1 个词		2 个词	
	f	p	f	p	f	p	f	p
山后	1119	98.25	20	1.75	157	86.74	24	13.26
之间	1122	98.51	17	1.49	155	85.64	26	14.36
心中	1123	98.59	16	1.41	166	91.71	15	8.29
梦中	1113	97.72	26	2.28	167	92.27	14	7.73
均值	1119	98.24	20	1.76	161	88.95	20	11.05

表 3-8 双音节数量结构切分结果

字串	样本一（n=1139）				样本二（n=181）			
	1 个词		2 个词		1 个词		2 个词	
	f	p	f	p	f	p	f	p
一个	1123	95.89	16	1.41	161	88.95	20	11.05
每天	1133	99.47	6	0.53	172	95.03	9	4.97
几朵	1118	98.16	21	1.84	157	86.74	24	13.26
座座	1134	99.52	5	0.44	176	97.24	5	2.76
均值	1127	98.59	12	1.05	167	92.27	14	7.73

表 3-9 双音节状中结构切分结果

字串	样本一（n=1139）				样本二（n=181）			
	1 个词		2 个词		1 个词		2 个词	
	f	p	f	p	f	p	f	p
还需	1064	91.83	93	8.17	113	62.43	68	37.57
还要	1055	92.63	84	7.37	122	67.40	59	32.60
都有	960	84.28	179	15.72	118	65.20	63	34.80
少吃	879	77.17	260	22.83	88	48.62	93	51.38
多吃	864	75.86	275	24.14	86	47.51	95	52.49
多喝	855	75.07	284	24.93	83	45.86	98	54.14
均值	943	82.79	196	17.21	102	56.35	79	43.65

分析以上调查统计结果，我们可以得到以下结论。

第一，关于双音节定中结构是否是词的判断，问卷一的词切分结果显示，其中的 43 例双音节定中结构被 99%以上的调查对象看作是词（平均值 99.47%），“故乡、海鱼、河水、黑色、牛奶、蔬菜、猪油”7例更是被100%的调查对象一致认定为词。

问卷二的调查对象将这43例双音节定中结构认定为词的比例稍低，刚刚超过96%（平均值96.13%）。被问卷二的调查者100%认定为词的双音定中结构有“今天、蔬菜、水果、天气、乌云”5例——比问卷一数量稍少，而且具体的词差异也非常大。

虽然两个样本在双音节定中结构成词倾向调查结果上表现出差别，但总体上看，两个样本均呈现出显著、强烈的双音词化倾向，显示出汉语社团一般成员的成词心理——双音构词模式。这种构词模式是建立在对汉语节律感知即语音直觉的基础之上的，已成为汉语社团认知“词”的一种思维定势。

第二，王立（2003）中说明，问卷二的181份有效问卷中，有60份（占调查者总数的33.15%）的被试是学习过正词法基本规则的汉语言文学教育专业的学生，但从测量的结果可以看到，即使从语法角度鉴定毫无疑问是短语的“白云、长桥、大湖、小桥、黑底、老匾”6例，也只有不到10%的调查对象把它们切分为2个词，也就意味着90%以上的调查对象认为它们是1个词；而看起来甚至都不是短语的“弓样”，仍被超过75%的调查对象切分为1个词，即认为“弓样”是短语的调查对象不足25%。

进一步分析问卷二词感倾向测量所得到的结果，可以发现“双音节是词”这种思维定势的影响有多么深刻。即使这些学习过正词法规则的大学生，测量结果依然远远偏离语法规则对词与短语的分析。可以想见，影响这些学习过正词法规则的大学生作出这种判断的正是汉语社团长期积淀而成的成词心理——双音构词模式——这种模式化了的成词心理本能地抵御着来自外界的理性化规定。

第三，与定中结构切分中发现的规律相似，其他类型双音节结构的测量结果也充分支持双音构词模式对汉语词感存在着决定性影响的分析。

双音节“闯进”“看到”等动补结构被切分为词的比例均在99%以上，“动词＋助词”的“变得”被切分为词的比例最低也达到了92.72%；双音节“名词＋方位词”被切分为词的比例，在问卷一中最低也达到了97.72%，问卷二中最低也达到了85.64%；语法上毫无疑问是短语的数量结构，双音节形式被切分为词的，比例最低的是问卷二中的“几朵”，但也达到了86.74%；至于双音节状中结构，切分为词的比例在相对较低的问卷二中也达到了50%左右。

以上的理论分析和实证性研究都说明了一个事实：汉语中的词感与双音节韵律词联系密切，可以说，汉语词感中的词就是“韵律词”。

思考与练习

1. 为什么汉语词、语的区别引起很多争议？

2. 汉语的“词感”来源于什么？

3. 请分析以下各例究竟是词还是短语。

洗澡　　开玩笑　　纸飞机　　小豆

4

第四章

余　论

这一章补充说明一些与韵律词研究相关的问题，比如发生变调的是否一定是韵律词，韵律语法研究要特别注意哪些方法，以及韵律词法与韵律句法间的交互作用。

第一节 韵律词和变调

在语流中，有些音节的声调起了一定的变化，与单读时调值不同，这种变化叫作变调，例如“美”“好”连着念，听起来像是“梅好”。这里要借助上声变调的事实，说明韵律词并不是变调的必要条件，而是充分条件。

邝剑菁、王洪君（2007）报告了一个实验的结果，如下（1）所示。（1a）是韵律词内上声变调的例子；（1b）是跨韵律词边界变调的例子，其中“场广”“委主”“彩表”等中间都存在韵律词边界“#”，但前字依然出现了变调现象，当然这种情况下不变调的现象也是存在的；甚至（1c）中，“抹火”“笔写”之间存在韵律短语边界时，前字依然可能出现变调现象。

（1）a. 实例：#雨伞#　#买米#　#打死#　#打伞#

结果：前一上声变高调，两上声结合紧密，中间没有停延，前字上声升尾显著但时长短，后字音强不强于前字。

b. 实例：#商场#广告部#　#常委#主席#　#精彩#表现#

结果：前一上声变高调，上升幅度略低，前字调尾略长，两上声长度基本相同，之间没有明显停延，后字音强不强于前字，前字音强不衰弱。

c. 实例：(#天边#)[一抹(火红的#晚霞)]

#用毛笔(写了个#大字)

结果：前一上声变高调，与后一上声相比有明显的拖长，调型特点主要体现在前字升尾的升幅明显且时长长，前后上声之间可以有小的停顿。

邝剑菁、王洪君（2007）的实验充分说明了双音节韵律词与上声变调间并不存在必然的联系。韵律词内部一定会发生上声变调，但发生上声变调的两个音节，并不一定处在同一个韵律词内。

第二节　韵律词研究中的最小对立

这一节主要谈韵律词法研究中一个至关重要的问题——如何确定研究的对象。我们认为，确定韵律词法研究对象的关键是"最小对立"。确定最小对立，就是要确保造成某个现象的原因仅仅是韵律因素，而不是语法、语义等其他因素。我们以"自然音步"的研究和"含动复合词"的研究来深入说明。

冯胜利（1998）解决了什么是汉语自然音步的问题，之所以能顺利解决这个问题，发现汉语音步组织自身的规律，与该研究选取不受句法、语义干扰的并列结构或音译词（例见（2））作为观察对象密切相关。

（2）阿尔巴尼亚　　加利福尼亚　　布尔什维克
　　金银铜铁锡　　金木水火土　　天地君亲师
　　捷克斯洛伐克　布宜诺斯艾利斯　柴米油盐酱醋茶

因为没有任何语法、语义因素的掺杂，（2）中各例的音步结构完全反映了音步组织的纯韵律规律。此后，“要排除语法、语义影响，然后才能确认现象产生的唯一原因是韵律因素的作用”这一研究范式，不但成为韵律词法，甚至成为整个韵律语法研究方法论上的关键原则之一，这是韵律语法不断发展的保障。

学界对“纸张粉碎机”类含动复合词的研究，是另一种确认最小对立的范式。含动复合词的现象可以例示为（3）。

（3）a. 纸张粉碎机　b.* 纸张碎机　c. 碎纸机　d.* 粉碎纸张机
　　　　　　　　　* 纸粉碎机　　　　　　　* 碎纸张机
　　　　　　　　　* 纸碎机　　　　　　　　* 粉碎纸机

（3）中，（3a）合法，（3b）不合法，但二者的组成成分顺序完全相同，只是成分的音节数不同；（3c）正确，（3d）错误，二者的组成成分顺序也完全相同，同样只是组成成分的音节数不同。成分顺序完全相同，但可接受度不同，这说明接受度的差别，不是句法或语义因素导致的；接受度不同的对比组，唯一的区别是结构的组成成分音节数不同：这说明造成可接受度差别的因素只能是韵律。

（3）与（2）不同：（2）是通过作为观察对象的组合内部无句法语义关系（音译词）或组合内部成分间句法语义关系完全相同

（并列结构），来排除句法、语义因素的影响的；（3）是通过观察什么因素与两组对立结构合法性方面的差异形成正相关，通过分析才排除了句法、语义作用的。

（2）和（3）共同呈现了确定韵律词研究最小对立的两种常见范式。

第三节 韵律词法与句法的交互作用

韵律词是节律结构的最小单位，所以韵律词在语句动态生成过程中的影响也很明显，而且例子非常多，这里仅举几例说明，不全部罗列。

一、语句动态组成中的韵律词

我们将传统语法中词与词组合成短语或句子的过程称为“语句的动态组成”，这一节主要讨论韵律词对语句动态组成的某些限制。（吕叔湘，1963；冯胜利，2001a、2001b）

第一类：重叠式，讨论韵律词对重叠的限制。

重叠（reduplication）是韵律构词实现的一种重要方式，其也会受到韵律词的影响。比如“天天、年年”等是正确的，但“星期星期（每星期）、加仑加仑（每加仑）”等都不正确。而“天、年”与“星期、加仑”都是汉语中的量词，为什么只有前者可以重叠表示“每……”的意思，后者却不可以呢？这种现象，只能从韵律方面找原因。我们认为，这种现象可以归纳为“当量词重叠表示‘每……’的意思时，必须符合要求（4）”。

（4）重叠的要求

a. 重叠自身；

b. 重叠的结果必须是一个韵律词。

不重叠，不符合（4a）的要求；重叠后大于一个韵律词，则不满足（4b）的要求。因此“年年（每年）、斤斤（每斤）”等都是合法的重叠。但是“星期星期（每星期）、加仑加仑（每加仑）”等都超出了“韵律词”的要求，因此都不合法，详见（5）。当然，汉语里还有许多不同类型的重叠形式，其中有的与韵律词有关，如“慢慢（一V）”；有的则与重音有关，如“哗啦啦”。但“天天”等例子显然是以韵律词为模板的。

（5）标准韵律词模板

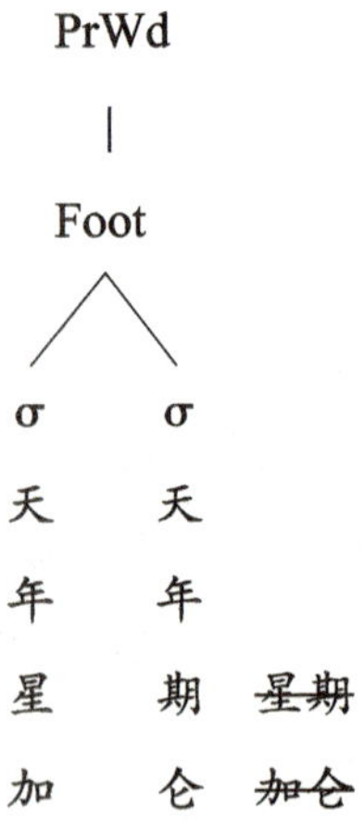

第二类：感叹语，讨论感叹语与其他成分联合组成韵律词的现象。

感叹语与其他成分组合可以构成韵律词，比如“妈的！”“天哪！”“哎呀”“妈呀”“唉呦”等都是。感叹有时也可以用单音词。譬如：“啊！长城！”这里单音节“啊”独立成为一个音步。但这并不是说单音节可以构成音步，音步必须是二分枝，即必须是双音节。可以构成音步的单音节一般是通过“停顿”和拉长元音来补足音步。所以凡是有单音节音步的地方，要么有停顿，要么自成一个语段，像“我买油、盐、醋，还有酱油”中的“油”“盐”“醋”都被拉长。

在没有停顿和延长的情况下，单音节词的使用便受到限制。比如“我们种植花”说起来就别扭，因为单音节“花”在句尾重音步的位置上而又不能成为一个独立的语段。要是说成“我们种植花草”就没有问题了。因为“花草”是一个音步，也是一个韵律词。

第三类：人名、地名、数目，单音节必须补成双音节的现象。

汉语中的姓，如果是单音节，比如说“张”“王”，一般不会单说，至少要组成双音节，比如“姓张”“老王”；如果姓是双音节，比如“欧阳”“上官”，就可以单说，不必“姓欧阳”“姓上官”，甚至“老欧阳”“老上官”不但不单说，还不符合我们的语感。另外，外国人的姓，一般译出来不止一个字，通常称说的时候光用姓就够了，比如高尔基、乔姆斯基、莎士比亚等。也有译出来只一个字的，就不得不连名字一块儿说，比如萧伯纳。要不就给他加个“氏”字，叫“萧氏”“乔氏”“莎氏”等。

这种单音节必须要补成双音节才能说的现象，在地名中也大量存在。县名有两个字的，也有一个字的。两个字的可以不带“县”字，一个字的必须得带“县”字。比如说话的时候，必须是“大兴、通县、顺义等县”，虽然短语尾有“县”字，通县的“县”仍然不能省略——就是为了凑足两个音节。

山名也要补足音节才能说，比如峨眉、普陀，不带“山”字也可以说；而泰山、华山，必须得带“山”字才能说。

国名也必须补足音节才可以。比如英国、法国，单说非带“国”字不可；印度、哥伦比亚，难得听见带“国”字。报纸上常见这样的对比，比如“欢迎在美、英、法、日等国的科学家和留学生回到祖国”“中国展览团同法国等国的企业进行大量交易”。尽管两句中国名后都有“等国”二字，但第一句只要一个“法”字，第二句就非用“法国”两个字不可。

这种单音节成分受限制必须补足才能说的情况，也存在于数目中。比如谈论日期，一个月的前十天必须得说“(8月)1号、……、10号”，或者是“(九月)初一、……、初十”。“10/十”以后，光说数目就行，比如“(8月)24”“(九月)十五”等。

再比如谈论数量，“十八尊罗汉”可以说“十八罗汉”，“三尊菩萨”不能说“三菩萨”；“四天王”“四金刚”要说成“四大天王”“四大金刚”，否则就很别扭，可是不带数目的时候，只有“天王”和“金刚”，没有什么大的和小的；同样，“四大名旦”，已经“名”了，可还是要加个“大”。“七大奇迹”“十大罪状”等，也都是同类的例子。

二、[[动+补]+宾]组合

董秀芳(1998)非常敏锐地观察到，汉语里的动补格式中，只有双音节的[V+R](指动补结构，下同)可以带宾语，[1+2]式

的 [V+RR]，一般都不能直接带宾语。比较（6）中 A 列和 B 列：

（6）　　A　　　　　　　　B

他想透了问题。　　　　* 他想透彻了问题。

他哭哑了嗓子。　　　　* 他哭嘶哑了嗓子。

他摆齐了桌子。　　　　* 他摆整齐了桌子。

这种 [V+R] 和 [V+RR] 在音节数量以及"能否带宾"上的对立，具有很强的对应性。显然，这是韵律作用的结果。有人会说，[V+RR] 形式不带宾语是因为它们用作不及物动词的缘故。这似乎有理，但是此说不能解释为什么几乎所有的 [V+RR] 形式（除了少数几个第二个音节已经轻音化的，如"干净""明白"等以外），一般都必须用作不及物动词，而不能成为及物动词。

第二，为什么几乎所有的双音节 [V+R] 形式（除了受到自身语义限制而不能带宾语的如"变乖"等之外），一般都能带宾语，而与之对应的三音节 [V+RR] 就不能带宾语呢？

第三，为什么 [V+R] 的及物与否和 [V+R] 的音节多少，有如此整齐的对应关系呢？可见，及物不及物的现象，归根结底还是音节多少的问题。不引入音节数等韵律概念，无论如何也解释不了上述现象在音节数量上的对立。

此外，我们还观察到：跟动宾结构一样，只有双音节 [V+R] 不能拆开（扩展），三个音节的[V+RR]一般都可以拆开使用。譬如：

（7）双音节：* 改得很良　　* 改得很善

三音节：　打得很牢固　　搞得很复杂

而且，(6)B 列不能用 [V+RR] 形式不可以带宾语来解释，因为下面的（8）说明，[V+RR] 短语事实上并非不能带宾语，只是不能“后带宾语”。

（8）绑结实	把绳子绑结实	*绑结实绳子
打牢固	把基础打牢固	*打牢固基础
写通顺	把文章写通顺	*写通顺文章
搞复杂	把问题搞复杂了	*搞复杂了问题
说简单	把话说简单了	*说简单了话
说流利	你要把英文说流利。	*你要说流利英文。
想全面	你得把困难想全面。	*你得想全面困难。

最后，统一观察三音节 [V+RR] 的短语性质与三音节 [V+NN] 的短语性质，可以发现它们都不能后带宾语。详见（9）。

（9）[[V+NN]+NP]	*[[V+RR]+NP]
*开玩笑他	*想仔细问题
*跑龙套他	*关严实窗户
跟他开玩笑	把问题想仔细
给他跑龙套	把窗户关严实

三音节动宾与三音节动补均不能后带宾语的本质是一样的：它们都不能词化，因此它们都是短语。值得注意的是，为什么“开玩笑”不能像“得罪”一样，“关严实”也不能像“关严”那样，通过词化而后带宾语呢？究其原因，它们之所以不能词化，是因为韵律结构不允许一个三音节的[V+CC]形式构成韵律词。“合

成词必须首先是一个韵律词"(冯胜利，1996)，因此，[V+CC] 要成为复合词，必须首先满足（符合自然音步的）韵律词的要求。如果 [V+CC] 根本就不能成为一个韵律词，那么它只能是短语。如果是短语，它是无法携带宾语的。这就是说，是韵律构词系统决定了三音节的 [V+RR] 只能是短语的命运。

三、韵律词与核心重音

韵律词与核心重音的关系主要体现在核心重音理论中对词体条件的规定。为了说明这一问题，我们先简单说明一下核心重音理论。

核心重音是韵律句法操作的核心，具体理论可以简单概括为（10）(冯胜利，2011、2013)。[①]

（10）a. 在动词范域内必须有而且只能有一个成分实现核心重音，范域内不能包含多于一个可带核心重音的成分；

b. 在动词的管辖范域内，如果动词与其补述语（complement，包括宾语、补语、介宾结构等）构成姊妹节点，此时动词直接支配其姊妹节点，那么由动词所直接支配的成分实现核心重音；如果动词后无补述语，则核心重音由动词自身实现；

c. 承担核心重音的成分不能违反相对轻重原则。

---

① 关于核心重音的更详细讨论，请参看本套丛书中《汉语的核心重音》(暂定名）分册。

（11）可以帮助我们具体说明核心重音的实现。给出两个姊妹节点，亦即共享同一个高节点的并列成分 C1 和 C2，如果 C1 是动词核心词，C2 是动词选择的对象（亦即补述语 complement，包括宾语、补语、介宾结构等），那么，这个核心词 C1（动词）和它后面的成分 C2 就组成一个“长短 / 轻重”的韵律单位。当 C2 可独立承担重音时，C2 实现核心重音，而且此时 C1 相对于 C2 构成相对轻重，承担核心重音的 C2，音节重量不能轻于 C1；当 C2 不能满足承担重音的要求时，C1 与 C2 合并，共同承担核心重音。

（11）

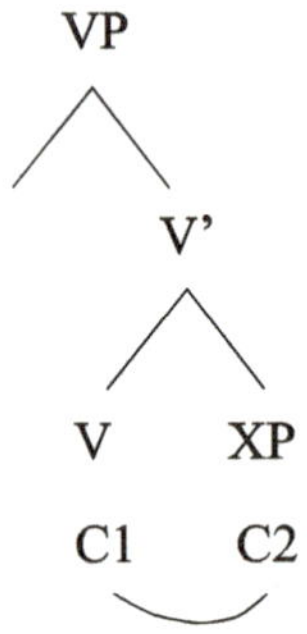

与韵律词密切相关的“词体条件”是关于核心重音指派者大小的规定。具体见（12）：

（12）词体条件

a. 最小词条件

最小词是一个由两个音节组成的音步，亦即：

MinWd = foot ([μμ]);

b. 核心重音指派者的最大极限

核心重音接受者不必是最小词，但核心重音指派者，必须是最小词。

我们以对（13）中现象的分析来说明词体条件的作用。（冯胜利，2011）

（13）	A	B
	收徒山神庙[①]	* 收徒弟山神庙
	讲学中南海	* 讲语言学中南海
	撤军波黑	* 撤军队波黑
	米卢执鞭中国队	* 米卢执教鞭中国队

（13）中各句的结构可以表示为 [[述 + 宾$_1$]+ 宾$_2$]：A 列宾$_1$ 是单音节，B 列宾$_1$ 是双音节。从语法上讲，无论 A 列还是 B 列，“述 + 宾$_1$”结构并没有区别，“收徒”和“收徒弟”、“讲学”和“讲语言学”都合法，都正确。但 A、B 两列可接受度对比明显。B 列各句都不正确，其中各句与 A 列对应句的唯一区别是紧接动词后的宾语性成分音节数不同：当这一成分为单音节时，结构正确；当这一成分为双音节时，结构不正确——这显然与核心重音作用有关。

具体的作用过程见（14）。

① 类似的例子非常多，比如赠书希望工程、挂帅井冈山、丝绸之路揭幕巴黎、走马江湖道、浣衣清水溪、洒泪易水台、著书黄叶村、献舞黄金周、献歌亚运、甩货中关村、调水三峡、露脸春晚、购书西单大厦、种花南山下、停车绿化带等。

（14）

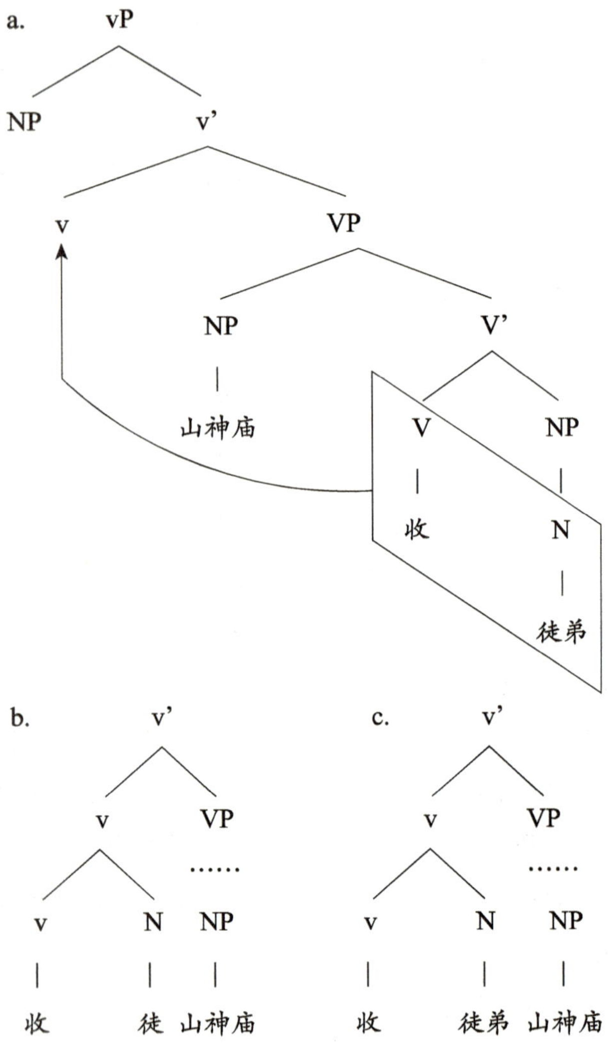

（14a）说明了 [[述 + 宾$_1$]+ 宾$_2$] 结构的句法生成过程，这一过程中，“收徒山神庙”和“收徒弟山神庙”都是可以生成的；之所以最后删除了“收徒弟山神庙”是因为“收徒弟”整体音节

长度违反了词体条件的限制，所以它不能给宾语“山神庙”指派核心重音（如（14c）所示）。

思考与练习

1. 请简单说明韵律词法研究的对象如何确定。
2. “* 写通顺文章”不正确，但“擦干净黑板”可接受度非常高，请简单分析这是什么原因。
3. “* 星期星期”“* 加仑加仑”都不正确，但“一星期一星期（地过）”“一加仑一加仑（地买）”都正确。请说明这种现象如何解释。

5

第五章

结 语

本书主要讨论汉语词汇尤其是复合词为什么表现为目前的情况而不是其他样貌的韵律原因。这里，我们用一点篇幅说一说该研究对汉语作为第二语言教学的意义：有利于更好地习得复合词。

复合词的样貌如何，当然有语义、语法，甚至历史、文化等方面的原因，比如为什么是“地震”而不是“土震”，为什么是“司机”而不是“司车”，为什么“北京大学”缩略为“北大”而不是“京大”，等等。本书的讨论当然承认这些因素的作用，但本书主要针对的是这些因素无法解释的现象，比如汉语复合词中为什么是双音节的“地震”而不是三音节的“土地震”或“地震动”，为什么是双音节的“司机”而不是三音节的“司机器”，为什么是双音节的“北大”而不是三音节的“北大学”或“北京大”，等等。

汉语的语素有意义，复合词由语素构成，构词法主要研究语素组合成词的规则。显然，汉语构词法应该包括两个方面：语义、语法角度解决语素搭配问题——我们仍使用传统的“构词法”概念来指称这部分内容；韵律因素解决语素表现为何种语音形式的问题——可以称之为“韵律构词法”。目前的汉语作为第二语言的教学中，较多重视前者，后者被注意的情况很少。我们认为，至少从以下几个方面看，韵律构词的研究对汉语作为第二语言的教学意义重大。

首先，对于根据构词法在线生成的复合词而言，掌握构词法，等于习得了大量的复合词。作为复合词构成规则的重要部分，韵律构词法有利于汉语学习者习得汉语词汇语音表现形式规律，即掌握复合词中语素为单音节还是双音节的奥秘。汉语很多基本组成单位（语素）都存在弹性形式，即语音上有单、双音节两种形式，意义几乎没有差别，比如例（1）中“/”前和“/”后的单、双音节形式，意义上便十分相似。在构词时，究竟选择基本单位的哪一种形式，是以本书所说的韵律词为核心的韵律构词法在起作用，因为必须满足韵律词要求，所以只能是“学霸”而不能是“学习霸”，只能是“煤球”而不能是“煤炭球”，只能是“虎威”而不能是“老虎威”，只能是“北大”而不能是“北京大”，等等。

（1）学习 / 学　　种植 / 种　　煤炭 / 煤　　工人 / 工

　　商店 / 店　　印度 / 印　　北京 / 北　　老虎 / 虎

其次，韵律构词法，还有利于帮助汉语学习者理解汉语基本组合单位，以及在组合中截取、变化等现象。比如（2a）中的各例，“/”后的形式，通常不能单用，但在构词时可以独立使用，构成类似（2b）的形式。这种现象是韵律词在复合词生成过程中作用的结果，理解了韵律构词法，才能正确认识（2b）中的“狐”“犹”“驳”“驼”并不是有独立意义的语素，而只是截取了某个语素的一部分。

（2）a. 狐狸 / 狐　　犹豫 / 犹　　斑驳 / 驳　　骆驼 / 驼

　　b. 狐媚　　犹疑　　驳杂　　驼峰

第三，理解了韵律词在汉语复合词生成中的作用，能够更好地理解汉语的构词法。汉语中有一类结构依然透明的复合词，但复合词整体的词义偏向词中的一个语素，比如（3）中各例，“/”

前的复合词词义只与“/”后的复合词中所包含的一个语素有关，而与另一个语素无关。比如“国家”“窗户”“忘记”的意义只是“国”“窗”“忘”，而与“家”“户”“记”无关。这类复合词与（4）中复合词的结构相似，但从语素义与词义关系的角度看，（4）与（3）完全不同。例（4）各复合词中，两个语素的意义都与复合词整体词义有关，都对复合词整体词义有贡献。比如，“道”和“路”组合成词，通指“道路”；“衣”和“裳”组合成词，通指“衣裳”；“手”和“足”组合成词，转指“兄弟”，等等。

（3）国家 / 国　　窗户 / 窗　　妻子 / 妻　　朋友 / 友
　　质量 / 质　　舟楫 / 舟　　人物 / 人　　忘记 / 忘
　　死活 / 死　　好歹 / 歹

（4）道路 / 道 + 路　　天地 / 天 + 地　　衣裳 / 衣 + 裳
　　笔墨 / 笔 + 墨　　手足 / 手 + 足　　开关 / 开 + 关
　　江山 / 江 + 山　　口舌 / 口 + 舌

（3）和（4）中各例，结构相似，但语素义与整体词义的关系完全不同。对于汉语作为第二语言的教学而言，这两类复合词的差异是影响汉语学习者迅速掌握语素义与词义关系的障碍之一。学习者无法得到一个能够概括（3）与（4）的词义与语素义关系的规律，结果只能是机械记忆词义，这大大增加了词汇学习的难度。

韵律构词理论可以很好地解释为什么同是并列结构复合词，在词义与语素义关系方面，（3）和（4）存在差异：（3）中复合词的生成完全是韵律动机——为了满足韵律词的要求；而（4）中复合词的生成除了韵律动机外，还包含语义动机——并列两个语素，更丰富、准确地表达意义。

其实，与例（3）、例（4）类似的情况，现代汉语中并不少见，比如例（5）、例（6），同是偏正关系的复合词，但语素义与词义的关系完全不同。（5）中，词义中语素义基本是加合关系，当然这里的“加合”不是说词义就等于语素义之和，而是说词义是以语素义的加合为理解基础，每个语素的意义都对词义做出了贡献；（6）中，“/”后的语素基本对复合词的词义没有贡献，其意义已经被另一个语素所包含。当然，（6）对汉语学习者理解汉语中语素义与词义的关系也会造成障碍，韵律构词的研究结果可以解决类似的问题：是由于韵律的原因产生了（6）中的复合词。

（5）黑板 / 黑 + 板　　电灯 / 电 + 灯　　象牙 / 象 + 牙
　　鲜红 / 鲜 + 红　　公审 / 公 + 审　　意译 / 意 + 译
　　武断 / 武 + 断　　火热 / 火 + 热

（6）咸盐 / 咸　　水井 / 水　　白雪 / 白　　乌龟 / 乌
　　手臂 / 手　　眼泪 / 眼　　手指 / 手　　黄金 / 黄

语言学习，一方面是词法，一方面是句法，韵律构词作为汉语词法的一部分，是学习者不能不了解的内容。而且不了解韵律构词对汉语词汇形式的影响，单纯从语义、语法角度来分析，会遇到一些难以解决的问题。理解了韵律在汉语词汇样貌塑造过程中的作用，在汉语作为第二语言的教学过程中，无论是教者，还是学者，都可以更通达一些。

参考文献

[1] 陈保亚 . 20 世纪中国语言学方法论 [M]. 山东教育出版社，1999.

[2] 程工.汉语“者”字合成复合词及其对普遍语法的启示 [J].现代外语，2005（3）：232-238.

[3] 初敏、王韫佳、包明真 . 普通话节律组织中的局部语法约束和长度约束 [J]. 语言学论丛，北京：商务印书馆，30（2004）：129-146.

[4] 董秀芳 . 述补带宾句式中的韵律制约 [J]. 语言研究，1998（1）：55-62.

[5] 董秀芳 . 音步模式与句法结构的关系 [J]. 语言学论丛，北京：商务印书馆，27（2003）：353-368.

[6] 董秀芳 . 词汇化：汉语双音词的衍生和发展（修订本）[M]. 北京：商务印书馆，2011.

[7] 冯胜利 . 论汉语的韵律结构及其对句法构造的制约 [J]. 语言研究，1996（1）：108-122.

[8] 冯胜利 . 汉语的韵律、词法与句法 [M]. 北京：北京大学出版社，1997.

[9] 冯胜利 . 论汉语的“自然音步”[J]. 中国语文，1998（1）：40-47.

[10] 冯胜利 . 汉语韵律句法学 [M]. 上海：上海教育出版社，2000.

[11] 冯胜利 . 从韵律看汉语“词”、“语”分流之大界 [J]. 中国语文，2001a（1）：27-36.

[12] 冯胜利 . 论汉语“词”的多维性 [J]. 当代语言学，2001b（3）：161-174.

[13] 冯胜利 . 韵律构词与韵律句法之间的交互作用 [J]. 中国语文，2002（6）：515-524.

[14] 冯胜利 . 动宾倒置与韵律构词法 [J]. 语言科学，2004（3）：12-20.

[15] 冯胜利 . 汉语的韵律、词法与句法（修订本）[M]. 北京：北京大学出版社，2009.

[16] 冯胜利 . 韵律句法学研究的历程与进展 [J]. 世界汉语教学，2011（1）：13-31.

[17] 冯胜利 . 汉语韵律句法学（增订本）[M]. 北京：商务印书馆，2013.

[18] 顾阳、沈阳 . 汉语合成复合词的构造过程 [J]. 中国语文，2001（2）：122-133.

[19] 何元建 . 回环理论与汉语构词法 [J]. 当代语言学，2004（3）：223-235.

[20] 何元建 . 论合成复合词的逻辑形式 [J]. 语言科学，2009（5）：503-516.

[21] 何元建、王玲玲 . 汉语真假复合词 [J]. 语言教学与研究，2005（5）：11-21.

[22] 胡敕瑞 . 从“隐含”到“呈现”（上）[J]. 语言学论丛，北京：商务印书馆，31（2005）：1-21.

[23] 邝剑菁、王洪君 . 连上变调在不同韵律层级上的声学表现 [J]. 中国语音学报，北京：商务印书馆，1（2008）：125-131.

[24] 陆俭明 . 现代汉语语法研究教程 [M]. 北京：北京大学出版社，2013.

[25] 陆志韦 . 汉语的构词法 [M]. 北京：科学出版社，1965.

[26] 吕叔湘 . 现代汉语单双音节初探 [J]. 中国语文，1963（1）：10-22.

[27] 吕叔湘 . 汉语语法分析问题 [M]. 北京：商务印书馆，1979/2005.

[28] 裴雨来 . 词类 – 音节数序列与语句韵律结构生成 [M]. 北京：科学出版社，2016.

[29] 裴雨来、邱金萍 . 韵律影响汉语含动复合词生成研究 [J]. 中国语言学报（*Journal of Chinese Linguistics*），43（2015）：586-604.

[30] 裴雨来、邱金萍 . "纸张粉碎机"类复合词句法生成规律研究 [J]. 汉语学习，2016（2）：48-55.

[31] 石定栩 . 汉语的定中关系动—名复合词 [J]. 中国语文，2003（6）：483-495.

[32] 王洪君 . 普通话中节律边界与节律模式、语法、语用的关联 [J]. 语言学论丛，北京：商务印书馆，26（2002）.

[33] 王洪君 . 汉语非线性音系学——汉语的音系格局与单字音（增订版）[M]. 北京：北京大学出版社，2008.

[34] 王立 . 汉语词的社会语言学研究 [M]. 北京：商务印书馆，2003.

[35] Chen, Matthew Y.（陈渊泉）. *Tone sandhi: Patterns across Chinese dialects*（汉语方言的连读变调模式）[M]. 北京：外语教学与研究出版社 / Cambridge: Cambridge University Press, 2001.

[36] Downing, Laura J. *Canonical forms in prosodic morphology* [M]. Oxford: Oxford University Press, 2006.

[37] Dowty, D. Thematic proto-roles and argument selection [J]. *Language*, 67 (1991): 547-619.

[38] Duanmu, San. Phonologically motivated word order movement: Evidence from Chinese compounds [J]. *Studies in the Linguistic Science*, 27 (1997): 49-77.

[39] Feng, Shengli. Prosodically constrained postverbal PPs in Mandarin Chinese [J]. *Linguistics*, 41.6 (2003): 1085-1122.

[40] Feng, Shengli. Minimal word in Mandarin Chinese [A]. In Jennet Xing (ed.), *Studies of Chinese linguistics: Functional approaches* [C]. Hong Kong: Hong Kong University Press, 2006.

[41] Feng, Shengli. A theoretical exploration of prosodic syntax [J]. *Yuyanxue Luncong*, 39 (2009): 204-244.

[42] He, Yuanjian. Lexicon as a generating system: Restating the case of complex word formation in Chinese [J]. *Journal of Chinese Language and Computing*, 16.2 (2006): 99-119.

[43] He, Yuanjian. The exclamation in *The Analects of Confucius* (*Lun Yu*): What does it tell us about Chinese word order change? [C]. Paper presented at the International Conference on Bilingualism and Comparative Linguistics. Hong Kong, May, 2012.

[44] Huang, C. T. James. Phrase structure, lexical integrity, and Chinese compounds [J]. *Journal of the Chinese Language Teachers Association*, 19 (1984): 53-78.

[45] Liberman, M. *The intonational system of English* [D]. Doctoral dissertation, Massachusetts Institute of Technology, 1975.

[46] Liberman, M. & A. Prince. On stress and linguistic rhythm [J]. *Linguistic Inquiry*, 8 (1977): 249-336.

[47] McCarthy, J. & A. Prince. *Prosodic morphology* [M]. Unpublished manuscripts, University of Massachusetts Amherst and Brandeis University, 1986.

[48] Nespor, M. & I. Vogel. *Prosodic phonology* [M]. Dordrecht: Foris, 1986.

[49] Poser, W. J. Hypocoristic formation in Japanese [J]. *Proceedings of the West Coast Conference on Formal Linguistics*, 1984 (3): 218-229.

[50] Selkirk, E. *Phonology and syntax* [M]. Cambridge, MA: MIT Press, 1984.

[51] Shih, Chilin. *The prosodic domain of tone sandhi in Chinese* [D]. Doctoral dissertation, University of California, San Diego, 1986.

[52] Wiese, R. Phrasal compounds and the theory of word syntax [J]. *Linguistic Inquiry*, 27 (1996): 183-193.

后　记

本书希望能够较明晰地呈现出汉语韵律构词研究的理论框架和重点问题，借此为有兴趣的研究者提供了解的线索。

一个学科的发展，离不开辛勤耕耘的专家学者，同时也离不开理论基础和研究手段的发掘。韵律语法曾因为理论和研究手段的缺乏，在20世纪60年代至90年代的近三十年间无明显进步。1963年吕叔湘先生发表《现代汉语单双音节问题初探》，关于韵律作用的研究进入汉语语言学学术视野，但直到90年代后，华人学者将生成音系学和句法学相结合，提出汉语韵律语法理论框架，汉语韵律作用的研究才取得了长足的进步。

韵律对汉语构词的影响也十分显著，研究成果颇丰，理论规则和操作程序等都较清晰，但其推广传播相较于韵律句法似乎稍弱，这已极大影响该领域研究的进一步发展。有幸冯胜利、端木三、王洪君三位先生组稿的这套“汉语韵律语法丛书”中收录了《汉语的韵律词》这一册，三位先生组稿时便明确要求，本书要把汉语韵律构词研究的基本成果呈现出来，要有明确的规则和操作程序，要有大量的示例和说明，要使对此领域有兴趣的读者一读就懂。这对我来说，并不容易，现在书稿已经完成，不知是否达到三位先生的要求，是否能使读者满意？

写这本小书虽然不易，但整个过程充满了收获的喜悦。在写作这本小书之前，我对汉语韵律构词的研究仍有诸多困惑，为了完成这本书，查阅了大量的文献，写一点、改一点、请教一点、完善一点，历时数月才得初稿，此后又得董秀芳、端木三、冯胜利、宫齐、万波、王洪君、吴伟平、刘乐宁、马秋武、徐杰、朱晓农等多位师长批评，受洪爽、黄梅、王蓓、王丽娟、王永娜、应学凤、朱赛萍、庄会彬等多位学友指正，文中错漏日少，内心喜悦愈增。感谢这些曾经帮助过我的师长和学友！

同时，我必须借此机会特别表达对冯胜利先生的感谢。与冯先生相识始于2006年的一封邮件，向冯先生请教“纸张粉碎机 / * 纸碎机 / 碎纸机 /* 粉碎纸张机”的问题，此后偶有邮件往来。2009年博士毕业后到西安外国语大学工作，研究兴趣逐渐专注于韵律语法。本是一门外人，欲登堂入室何其难哉！没想到的是，这之后不断得到冯先生的指导和帮助，邮件往来，耳提面命。冯先生的提携完全改变了我的人生轨迹，使我有机会更上层楼。每念及此，惶恐竟有如此幸运，惟有勤奋努力以为报答！

这是我出版的第一本书，我也希望借此机会感谢我的另两位恩师，我的硕导杨润陆先生和我的博导王洪君先生。读硕士时，常去杨老师家里蹭饭。杨老师见到我总是很高兴，喜欢喝上两口，这一习惯时至今日未变，只是我的酒量太差，每次只可小半瓶啤酒作陪，深以为憾！

燕园的几年岁月，是在王洪君老师的关心下度过的。王老师学术上为严师，生活上如慈母。每次回忆起校园小路上，王老师推着自行车与我讨论问题，指引我学术研究之路时，总觉得温暖而又欣喜。工作以来，每有一点成绩，都要向王老师报喜，像个孩子，急切地与家人分享喜悦。

这本小书，于我还有非同寻常的意义。2014 年 11 月，书稿完成，也是在这个月，女儿出生。我在女儿的小床边完成了书稿的修改，这本书是她送给我的礼物。

还要感谢北京语言大学出版社张健、陈维昌两位老师及黄英编辑，是他们的支持使本书有机会与读者见面；他们的认真、专业和严谨，更使本书增色许多！

感谢我工作的单位西安外国语大学，感谢学校领导、我的同事和朋友们几年来的关心和帮助，是他们的鼓励和宽容让我能够不断进步！

最后，感谢我的家人，尤其感谢我的妻子，是他们的坚持和奉献，为我解除后顾之忧，让我不必操心家里的生活，专心写出这本《汉语的韵律词》！

裴雨来

2016 年 6 月